REISE IN DIE EWIGE WEISHEIT

REISE

IN DIE EWIGE WEISHEIT

aus den Epiphanischen Archiven

Wie Gott uns segnet,
damit wir ein Segen
auf dem Weg zum Ewigen Leben sind

KENN KNOPP

2. Ausgabe, Juli 2011

Books on Demand GmbH,
Norderstedt

Reise in die ewige Weisheit
... aus den Epiphanischen Archiven

Umschlaggestaltung, Herstellung und Verlag:
Books on Demand GmbH, Norderstedt

ISBN 978-3-8448-8364-0

Für

Theo und Irene Saal

aus D-56335, Neuhaeusel,
Westerwald, Deutschland

Meine lieben Cousins, immer eine Inspiration
und unstillbar glücklich
in ihrer Liebe für ihren Heiland, Jesus Christus,
die Katholische Kirche, und jene die in anderen Kirchen sind,
ihre Familie und ihre vielen Freunde

Kenn Knopp, im Juli 2011
Fredericksburg, Texas, USA

INHALTSVERZEICHNIS

VORWORT

Sprüche 3:5-6... *Traue JHWH von ganzem Herzen, und verlass dich nicht auf deinen Verstand, sondern gedenke Gott in allem das du tust, und <u>Gott wird deinen Weg führen.</u>*

Die Zitate aus der Heiligen Schrift die hierin enthalten sind, sind der „*The Inclusive Bible,*" katholische Ausgabe, Rowman & Littlefield Verlag, 2007; 4501 Forbes Blvd., Ste. 200. Lanham, MD 20706, USA (Die Innklusive Bibel) entnommen - http://www.rowmanlittlefield.com. Diese Bibel, siehe obigen Vers aus *Den Sprüchen Salomos,* benutzt die jüdische Beziehung auf Gott, YHWH, welche nicht ausgesprochen wird, aber Jahweh oder „Gott das existierende selbst" bedeutet. Diese Geste christlicher Übersetzer ist äußerst freundlich und aus tiefem Respekt für die jüdische Tradition.

Berichte von Epiphanien in den Leben jener, die Er auserwählt hat...

„Ich kannte dich ehe ich dich im Mutterleibe bereitete und sonderte dich aus ehe du von der Mutter geboren wurdest." (Jeremia 1: 5)

„ist dies nicht JHWH, unser Schöpfer, der dich gemacht und bereitet hat?" (5. Buch Mose 32:6)

„Ich will dich nicht verlassen noch von dir weichen. Sei stark! Sei mutig!" (Josua 1:5-6)

(Matthias 2:1-2,5,9) *Nach Jesus Geburt, die in Bethlehem in Judea geschah... da kamen Weise aus dem Morgenland nach Jerusalem und fragten: „Wo ist der neugeborene König der Juden? Wir haben seinen Stern gesehen im Morgenland und sind gekommen, ihn anzubeten." „In Bethlehem in Judea" sagten sie ihnen. ... Der Stern, den sie im Morgenland gesehen hatten, ging vor ihnen hin voraus bis er über dem Platz, wo das Kind lag, stillstand.*

E-pi-pha-nie: 1. ein christliches Fest, am 6. Januar gefeiert, das die Erscheinung Christi als die Personen der Weisen Männer vor den Nicht-Juden, erinnert; der Zwölfte Tag. 2. Eine Erscheinung oder ein Ausdruck, besonders von einer Gottheit. 3. Eine plötzliche, intuitive Wahrnehmung von oder Einsicht in eine Wirklichkeit oder wesentliche Bedeutung von etwas, das im Allgemeinen von einem einfachen, schlichten oder ganz alltäglichen Ereignis oder Erfahrung eingeleitet wurde. 4. Ein literarisches Werk oder Abschnitt eines Werkes, das einen solchen Augenblick der Offenbarung und Einsicht, oft symbolisch, darstellt. **(übersetzt aus dictionary.com von Random House, Inc.).**

Unser Leitmotiv kommt von der katholischen Messe, in welcher wir daran erinnert werden: „... *verlasse dich auf uns unter denen, die Du gewählt hast.*" Sei immer darauf bedacht, in der Verfassung der Gnade durch Sakramente zu bleiben (indem du die Kommunion mit Jesus, oder die Eingänge zu Jesus, einnimmst), denn es ist Jesus Christus der an der Tür unserer Herzen und Seelen klopft in der Hoffnung, daß wir uns für Ihn und die Heilige Vorsehung öffnen. Denke daran, daß es keinen Türknopf auf Seiner Seite gibt. Wenn du Ihn klopfen hörst, entscheidest du, die Tür zu öffnen und Ihn einzuladen.

Es ist Seine Absicht, uns sicher zu Seinem Vater in Frieden und in die Gegenwart des Heiligen Geistes und zu dem großen Willkommen im Himmel in die Triumphierende Kirche zu führen. Wenn Jesus ruft (**Matthias 25:3**) oder wiederkommt, wird Er uns hoffentlich als einen Seiner Eigenen fordern, „*trete herein in Mein Königreich, mein guter und treuer Diener, und trete herein in meine Freude!*" (**Matthias 12:21**) Laßt uns dann beten, daß er uns in Ihm und mit Ihm gehend vorfinden wird und wir dem Heiligen Geist vertrauen... was die Weisheit ist, das äußerste und unendliche Geschenk der Heiligen Dreieinigkeit.

Hier sind einige skriptuelle Richtlinien, um dir „auf dem Weg entlang" zu helfen ...(vorgeschlagene minimale tägliche Aufgabe: 1 Bibelsuche!): Wir dachten wir würden dich entdecken lassen, was die Heilige Schrift zu sagen hat über *Den Weg, den so viele frühe Väter **die Kirche** genannt* haben. Gott schaffte für jeden seine besondere *Reise in die Ewige Weisheit*, baute die Straße und errichtete hilfreiche Richtungssignale und Beistand auf der Strecke wenn notwendig. Wir haben entschieden, die Heilige Schrift, die unten steht, nicht für dich zu erklären, sondern dich sie selbst entdecken zu lassen. Schließlich erlaubt Gott dir nur das zu verstehen was er will das **du** es verstehst und wenn er entscheidet, daß es die richtige Zeit für dich ist es zu verstehen. Viel Glück auf der Fahrt!....

1. Mose 6; 32; 4. Mose 21:5; 1 Könige 2; Jesajah 46:10; 64:7; 12:29-30; Der Prediger Salomo 7:20; Sprüche 6; 12: 27; 16.9; 14:29; 24:18; 29:8; 30:6; 30:33; 4 Mose 21:5; Psalter 111:10; Jeremia 9:23; Matthias 12:28; 18:11; 26:39; Lukas 7:21; 10:21; 11:52; 14:7; Johannes 1:12-13; 2:27; 3:1-3,9; 3:16, 21; 5:21; 6: 20, 54; 63-68; 7:17; 9:31; 15:16; 44-47; Römer 1:15; 2:12-13; 7:15, 25; 8:28-30; Epheser 1:4; 2:10; Hebräer 9:15; 11:1; Philipper 3:10; 1 Korinther 10:16; 13:10; 15:29-30; 2 Korinther 3:2-3; 1 Timotheus 11:17-20; 5:13; 2 Timotheus 3:16; 1 Peter 3:15; 4:2-3; 4:7; 2 Peter 2:12; 2 Johannes 6; Galater 4:19; 5:7; Titus 2:12; Jakobus 1:5, Apostelgeschichte des Lukas *3:15;* Offenbarung 17:5; 18:1...

Bitte führe ein *Tagebuch.* Du wirst es viele Jahre lang schätzen, und deine Nachkommen werden dir dankbar sein. Notiere besonders welche Schrift dich besonders fasziniert oder dich veranlaßt hat, Pause zu machen und darüber nachzudenken. Es gibt einen Grund für diese Pause!

EINLEITUNG

Diese Zusammenfassung wird von einem katholischen Diakon, der 35 Jahre lang das geistliche Amt einhielt aber aus Gesundheitsgründen in den Ruhestand gehen mußte, angeboten. Wir erwähnen dies, da das Wort *Weisheit* oft von den heutigen Neues-Zeitalter- und gnostischen Anhängern gebraucht wird. Wir sagen das mit Respekt. Schließlich wählte Gott die Magier-Astrologen-Weisen - zusätzlich zu Seinen Erkorenen, den Juden - deren Empfänglichkeit der Art war, daß sie dem Epiphanie-Stern vertrauten, sie zu einem ganz besonderen neuen Herrscher zu führen: dem Baby Jesus, dem Heiland der Welt. Keiner und nichts entkommt der Herrschaft und den Absichten Gottes. Die Astrologen, auch die „Drei Weisen Männer" genannt, würdigten die Besonderheit von Jesus mit kostbaren Geschenken aus ihrer Zeit, die sie zu Seinen kleinen Füßen niederlegen. Gott kündigte jetzt an, daß die Erlösung durch Seinen Sohn, Jesus Christus, erfüllt werden würde und jetzt für andere, die Nichtjuden, da sein würde. Seine Gunst würde jetzt über das Judentum hinaus ausgedehnt werden.

Es ist jedoch wichtig für die Anhänger des Neuen Zeitalters [New Age] und die Christen dies zu wissen und innerhalb ihrer Grenzlinien zu bleiben. Die christliche Heilige Schrift und christlichen Kirchen haben während der Jahrhunderte von familiären Geistern und Wesen, die bestimmte Richtlinien nicht überschreiten sollten, gelernt. Gott ist nicht ein und derselbe für alle. Er ist unser einzigartiger Schöpfer, wir sind Seine einzigartigen Schöpfungen. „Lasset uns die Menschheit in Unserem Bild machen" sagte der Vater, der Sohn und der Heilige Geist in 1. Mose 1:26. Wir mögen „wie" die Himmlische Familie sein... aber jedes Mitglied einer Familie ist verschieden und hat besondere Gaben. Daher ist Gottes Schöpfung so einzigartig.

Johannes 10:16 sagt, daß „wir" Christen anderen unsere Aufmerksamkeit schenken sollen; andere, über die Jesus gesagt hat, „ich habe andere Schafe die nicht in diese Gemeinschaft gehören – ich muß sie auch führen, *und sie werden meine Stimme hören.* Und dann werden da eine einzige Herde und ein Schäfer sein. Es ist schwer, nicht die Folgerung zu ziehen daß Gott einen Weg haben wird, Mitglieder Seiner verschiedenen „Herden" in Seine Glückselige Vision, d.h., den Himmel zu bringen. Sei nicht schockiert, wenn du in dieser Sammlung von Geschichten einige Epiphanien oder Beschreibungen findest von solchen, die nicht Christen sind. Einige mögen Indianer, Musleme, Hindus, Freidenker, Agnostiker, usw. sein. Wir müssen jeder wachsen, sprießen, und blühen wo wir gepflanzt sind. Unser Schöpfer kümmert sich liebevoll um seine Gärten von Kreaturen, die menschlich oder irgendetwas anderes sind. „Durch unsere Frucht" (Handlungen und Besorgnisse) haben wir gelernt, einander zu kennen und mit einander auszukommen. Laßt uns Gott die Gelegenheit geben, seine Kreaturen in produktive und wunderbare Mitglieder Seiner Himmlischen Familie auf alle Ewigkeit „wachsen" zu lassen. Laßt uns alle Kinder Gottes in unseren Kreis der Segen einladen, ganz egal wie geschadet sie sein mögen. Gottes Segen wird alle Situationen entweder bald oder später in Ordnung bringen.

In der Salzburger Altstadt in Österreich steht eine Apotheke gegenüber dem historischen Stadtkrughotel mit einer wunderschönen Farbglasinschrift über der Eingangstür: *Für jedes Leiden hat Gott eine Antwort nahegestellt.* Man kann kaum glauben, daß Gott etwas geschöpft hat, das nicht einen Zweck hat. Wie hat unsere Selbstsucht Gottes überwältigende Schöpfung so verseucht, daß es unsere Herzen so kalt macht und verhärtet! Die Gnade Gottes ist so groß, daß Er die Initiative nimmt, um unsere steinernen Herzen aufzubrechen und uns als das Abbild von Jesus wieder aufzubauen! Die Geschichten in diesem Buch hoffen, Beispiele davon zu geben wie ein besorgter Gott dies macht. Aber siehe dich vor denen vor, die vorgeben Jesus Christus zu sein!

Epheser 2:10... *Wir sind Gottes Werk, geschaffen in Jesus Christus um die guten Dinge zu tun, die zu tun Gott uns von Anfang an geschaffen hat.*

Mit diesen Geschichten hoffen wir, dir Beispiele zu geben, wie unser liebender Gott dies bewußt tut. Daß wir das Wort Epiphanie benutzen kommt von seinen Bedeutungen und Gebrauch im Alten und Neuen Testament der Bibel, wie es durch Vatikan II und folgende Enzykliken oder besondere Lehren vom Bischofsamt oder dem Lehramt der Kirche wieder verkündet wurde. Was wir schreiben soll aber nicht als offizielle oder unfehlbare Kirchenlehre angesehen werden. Diese persönlichen Zeugenaussagen werden private Offenbarungen genannt. Für viele sind diese unglaublich. Für einige sind sie sehr inspirierend. St. Thomas, den Jesus als einen der originalen zwölf Apostel wählte, hatte große Schwierigkeiten etwas zu glauben, das er nicht selbst tatsächlich erfahren oder gesehen hatte. Die Weisen oder Astrologen aus einem weit- entfernten Land waren durch ihren Glauben ihrer Zeit bewegt, dem Stern zu folgen, welcher sie zu ihrem Heiland führte, dem sie Ehrengeschenke gaben. Das war ihre Epiphanie! Sie arbeiteten mit Gottes Plan! Genauso sind es heutzutage auch Epiphanien, die an Gottes Plänen weiterlaufen, um am Ende Seine größeren Absichten zu erfüllen. Sogar aus Übel kann Gott Gutes geschehen lassen. Es ist eine große theologische Aussage, daß „*Übel die Hölle aus uns herausschrecken sollte!*" Die ganze Schöpfung, schlecht und gut, muß eine Rolle im Gesamt-Dreinigkeitsplan des Schöpfers spielen.

Unser Ziel und Hoffnung sind, Einsicht, Ermutigung, und eine Gelegenheit zu geben, Beispiele von besonderen Erfahrungen von einzigartiger Gnade, das heißt, Gottes Wohlwollen zu sehen. Solche Hilfe oder Eingreifen von unserem himmlischen Vater kann in irgendwelchem günstigen Augenblick während einer Lebensreise stattfinden. Denke bitte nicht, daß wir versuchen, Helden aus denen, deren Geschichten hier dargeboten werden, zu machen. Der wahre Held ist unser Gnädiger Gott, der denen hilft die einen besonderen Bedarf für Rat, Tadel, Wiederaufbau und Ermutigung haben. Die Kämpferische Kirche, die Anhänger Christi, erhalten ausreichend Kraft, ihre täglichen, läuternden Kreuze zu tragen. Das Kreuz, das wir jeder auch tragen müssen, ist der Schmelztiegel unserer Wandlung in die Christus-Ähnlichkeit. Jeden Tag sind wir in immer-wachsenden, immer-erneuernden Molluskenkammern der Gnade und Wahrheit. Einige benötigen kein außergewöhnliches Eingreifen oder Charisma (die spektakulären Gaben des Heiligen Geistes). Andere aber doch! Einige solche Beispiele kann man in dieser Geschichtensammlung finden. Wie dem auch sei, ist Gott immer im Begriff Seine triumphierende Kirche, ganz und gar das Resultat Seiner Initiative und Sein Werk, zusammenzutragen. So wie für den witzigen Komiker sollte unser Motto auch sein: „ich soll mir Sorgen machen?"

Unser Reiseführer für unsere Reise ist... Wir nehmen die Treue zur katholischen Kirche und ihren Bischöfen an, die durch eine ununterbrochene Abstammung zu uns gekommen sind seit sie von unserem Herrn Jesus Christus und seinen Aposteln, den ersten Bischöfen, erwählt wurden. Dieser Orden oder Kirchliches Lehramt hatte während der Jahrhunderte die Verantwortung, die Doktrinen und Lehren zu schützen. Er hilft, unsere Reise in dem richtigen Weg des Heilands zu halten, dessen Absicht es ist, uns sicher zu Seinem Vater und das Ewige Himmlische Leben zu führen. Auf dem Wege werden wir durch die Sakramente (persönliche Beziehung mit Jesus Christus), Gottes Eingreifen und Hilfe ernährt und gekräftigt: durch Seine besonders geschöpften Wesen wie Engel, Tauben, treue Freunde, usw. Sogar Gott erlaubt Feinden wie dem Teufel, Dämonen, Übel und Sünde, unsere Schwächen und Leichtgläubigkeit auszunutzen. Er erlaubt uns, Dämonen der Selbsttäuschung zu schaffen, aber wovon wir aus harter Erfahrung lernen, weiter zu machen und in Christus zu wachsen. Besondere Bemerkung: Jeder einzelne von uns – auch unsere Priester, unsere Religiösen, Bischöfe, Kardinäle und Päpste - ist empfänglich gegen Versuchung und Sünde. Trotzdem ist das priesterliche System von Gottes Wort, den Lehren der Apostel und die Doktrinen ihrer Nachfolger vom Heiligen Geist geschützt. Zum Beispiel mag der Missbrauch des Verkaufs von Ablässen, Sünden von Seiten des Klerus und Kirchenmitgliedern Skandale ergeben, aber es wird oft vom Bischofsamt korrigiert wenn es ans Licht kommt. Gnade, Vergebung und Wiederherstellung sind dann möglich für die, die ihre Treue zu Gott in Christus und dem Heiligen Geist erneuern. In Christi Gnade verabscheuen wir die Sünde und kehren von ihr weg, aber trotz allem lieben wir den Sünder.

Wir lieben und respektieren unsere getrennten christlichen Brüder und beten, daß wir alle eines Tages dazu kommen werden zu erkennen, daß wir soviel gemeinsam haben, daß wir wieder zu einer Einheit vereinigt werden. Wir beanspruchen alle das Recht, am Fuß des Herrn Jesus Christus zu sitzen. Wir sind Papst Benedikt XVI dankbar dafür, daß er uns geraten hat, die Traditionen und besonderen Bräuche anderer Christen zu respektieren. Aber sehe dich vor der Falltür in den Pantheismus und Umkehr zum Heidentum vor. Wir feiern die Liturgien für den Persönlichen Gebrauch einiger unserer getrennten Brüder, die jetzt in der katholischen Kirche in voller Kommunion angenommen werden und sie nicht aufgeben müssen Das Bischofsamt ist auch gut zu denen gewesen, die so sehr an der Lateinischen Messe hängen. Sie haben auch die Erlaubnis, die Liturgien für den Persönlichen Gebrauch zu haben, wenn der Priester sie richtig sagen kann, das heißt, heilig auf Latein. Man wünschte, daß die Kirche durch die Jahrhunderte so barmherzig gewesen wäre.

Vielleicht werden es diese Epiphanien sein, die irgendwie dazu beitragen werden, größere Einigkeit in Jesus Christus und Seiner Kirche herbeizubringen, und auch mit den Schafherden, auf die in John 10:16 bezogen wird.

Gott hat immer die Verantwortung, glücklicherweise! Oft ändert das besondere Ereignis einer Epiphanie das Leben, das heißt, es veranlasst jemanden, seine Meinung zu ändern oder in eine andere Richtung zu gehen. Eine Epiphanie kann auch eine plötzliche Erkenntnis, Offenbarung oder Erscheinungsform sein. Obwohl das Ereignis manchmal brutal erscheinen kann, wird es am Ende ein Segen und Beweis der Liebe und Gnade Gottes. Solche Epiphanien resultieren darin, daß man die Lebensreise mit mehr Bescheidenheit und auf eine weit befriedigendere und mehr erfüllende Weise weiterführt. Wie eine andere Chance! Kurz gesagt: Laß LOS! und laß Gott!

1 Peter 3:15... *Sollte jemand dich nach dem Grund für diese deine Hoffnung fragen, hab immer eine Antwort bereit...*

Teile bitte uns deinen Epiphanie-Moment mit, um anderen zu helfen, sodaß sie auch Gottes ewig verbleibender Gnade oder Seiner Aufmerksamkeit gewahr sind, wenn sie während eines kritischen Augenblicks besonders nötig sind. Das Ereignis ist nicht immer kompliziert, aber es kann es sein... und manchmal geschieht er sogar denen, deren Ruder „immer mit der Ruhe" im Wasser des Lebens rudern. (Das heißt: nicht so viel planschen! Nicht allen sind tiefe Charismen gegeben noch brauchen sie diese! Es ist der Heilige Geist der weiß, welches Charisma notwendig ist.) Bitte halte deinen Bericht kurz.

Wir nummerieren die Berichte so wie wir sie erhalten, und du erhältst deine einzigartige Nummer. Unsere Zeugenberichte sind über die Erwählten Gottes, das heißt, wie Er sie segnet und wie Er die Segen weitergibt. Wir behalten das Recht vor, deine Zeugenaussagen zu redigieren, um die Länge, etwas Grammatik oder einige „große" oder kunstvolle theologische Wörter zu kontrollieren. Es ist unser Ziel zu redigieren um zu erbauen. Die meisten unserer Leser haben nicht solche speziellen Wörterbücher zur Hand. Laß uns wissen, wenn du anonym bleiben willst. Wir benötigen deine schriftliche Erlaubnis, um deinen Namen zu benutzen. Wir zeigen grundsätzlich Namen und tatsächliche Standorte nicht. Sobald die Geschichte auf dieser Website erscheint, vernichten wir die ursprüngliche E-Mail, und machen die Einzelheiten für immer unauffindbar.

Sende uns bitte eine E-Mail oder einen Brief und schreibe auf die Betreff-Zeile: Meine Epiphanie... an **alterstolz@gmail.com** oder per Post an: Kenn Knopp, The St. Frederick Association, 407 Cora St., Fredericksburg, Texas 78624, USA.

1 Wie ehrfurchtgebietend die Barmherzigkeit ist.

eine geheime Aufgabe auf einem kleinen Schiff jenseits der Feindlinie im Pazifischen Ozean. Als die Operation anfing, machte ich irgendetwas falsch und ließ das Boot auf Grund laufen. Ich wurde vor das Kriegsmarinegericht gestellt; das Ereignis wurde für ein Gräuel gehalten. Nachdem der Richter sich jedoch meine Ausbildung und Training angesehen hatte, was ein makelloses Dokument ohne frühere Verstöße war, und nach einem langem Schweigen, entließ er plötzlich meinen Fall mit einer Warnung, daß er hoffte mich nie wieder im Gerichtssaal zu sehen. Alle waren erstaunt, denn er hatte den Ruf, der strengste aller Marinerichter zu sein. Ich war mehr als erstaunt... und verließ das Gericht einfach verblüfft und äußerst dankbar. Ich war gerade an dem Morgen zur Messe gegangen und hatte gebetet, daß ich irgendeine Art Barmherzigkeit erhalten würde. Aber ich hatte nicht so viel Barmherzigkeit erwartet. Ich wurde einige Male befördert, und eines Tages fand ich mich in der Lage, selbst eine Art Richter sein zu müssen. Ich bekam den Ruf, sehr fair und „voll Barmherzigkeit" zu sein.

Jetzt weiß ich, daß mein Gott ein Gott der Barmherzigkeit ist. Mein tägliches Gebet an Jesus ist: *„Gott, sei mir Sünder gnädig."* **(Lukas 18:13).** Mein christlicher Gang als Anhänger des katholischen Weges bedeutet, daß ich versuche, auf dem Pfad der Barmherzigkeit zu bleiben .... während ich meine Reise fortsetze.

2 Ein Engel führt mich zum Weg und zur Wahrheit...

Vielen Dank daß ich dies erzählen darf. Ich hatte einige Jahre im Französischen Viertel von Neu Orleans als Künstler gewohnt und bin nicht katholisch. Obwohl ich in einer protestantischen Kirche getauft worden war, bin ich nie konfirmiert worden oder zur Kirche gegangen. Es war faszinierend nach Neu Orleans zu kommen, besonders auch, daß ich in Voodoo-Aktivitäten, die Drogenszene, usw. hineingezogen wurde. Ich fand dies auch aufregend und geheimnisvoll, sowohl als auch einige der Menschen, die ich in den Schwarzer-Zauber-Läden kennenlernte. Eine dieser Damen überzeugte mich, daß ich in etwas, das sie „reinigende Aroma-Therapie" nannte, teilnehmen sollte. Es war so eine Art Ritual, das sie ausführte während ich ruhte und manchmal sogar döste.

Während der folgenden Tage machte ich nur eine Katzenwäsche aus Angst, daß das faszinierende Aroma mich verlassen würde. Ich hatte nie zuvor so viele Freundinnen. Aber eine gewisse Freundin bestand darauf, daß ich meine „Aftershave

Lotion" wechseln sollte. Der Voodoo-Kult im Französischen Viertel stieß sie ab, und sie wechselte das Thema jedes Mal, wenn ich den Zauber erwähnte. Sie war Protestantin und sagte, daß sie „für meine Erlösung" beten würde. Da fing ich also an, meine Zeit manchmal zwischen ihr, und zu anderen Zeiten mit „dem anderen" zu teilen. Monate verliefen, und ich wurde ganz zerrissen. Schließlich forderte sie mich auf, mich zu entscheiden: entweder sie und mit ihr zur Kirche zu gehen, oder wir würden uns nicht mehr sehen. Ihre verschlossene Einstellung stieß mich ab, aber ich ließ es darauf ankommen und brach ab mit ihr. Sie rief mich nie an, obgleich ich so unwiderstehlich war. Während der nächsten Tage geschah mir eins nach dem anderen. Ich wurde etwas verdrießlich und hatte schlechte Laune. Sogar meine Gemälde wurden abgewiesen. Und ich konnte verstehen, warum. Ich ging an einer Kapelle vorbei und ging einen Moment hinein. Ich sah nur einen roten, angezündeten Leuchter. Ich nahm meine Augen nicht von der flimmernden Kerze ab. Die reine Luft und Stille waren mir ein Rätsel. Aber es war beruhigend. Ich glaube, ich wußte nicht einmal wie man betet. Aber das Bildnis meiner protestantischen Freundin erschien ganz scharf vor meinen Augen. An dem Abend rief ich sie an und entschuldigte mich. Sie versprach, mich zu einer Tasse „Cajun" Kaffee im *du Mond* zu treffen. Ich war überrascht, wie gut wir uns verstanden.

Wir entschieden, beieinander zu bleiben und zogen nach San Antonio, ihrer Heimatstadt. Sie ist mein führendes Licht: ja, vielleicht mein Schutzengel. Der Voodoo-Kram scheint erlöscht zu sein. Wenn sie mich einlädt, mit ihr zur Kirche zu gehen, werde ich es tun. Ich bin sicher, daß ich eine Art von Epiphanie-Sache erfahren hatte. Übrigens nehmen die Verkäufe meiner Gemälde bei den Kunstläden am Fluß-Weg [River Walk] und *La Villita* zu. Alles sieht besser aus und ich danke Gott, daß er mir meinen „kleinen Engel" geschickt hat.

3 Sprüche 15:16 - bete daß Gott dich führt und Er wird dich führen...

Christopher, diese Seite wird deinem Weg gewidmet bleiben!   Du bist ein junger Student, der sich für die Großen Büche
r und die Väter der Frühen Kirche interessiert und der sich gerade auf eine Reise nach Europa und Rom vorbereitet. Wir beten, daß du Begegnungen haben wirst, die sich als sehr bedeutungsvoll für dich in deiner spirituellen Entwicklung (wir nennen es deine Berufung) und deinem zukünftigen Beruf erweisen werden.   Denke nicht an deinen Bericht an uns. Was ist wichtig ist deine Antwort an Gott! Hinweis: Er will, daß du erneuert wirst und Christus dein Mittelpunkt ist. Wenn Gott es so will, dann mag es einige Jahre dauern, bis wir von dir hören, denn das spirituelle Reifen nimmt manchmal sein Zeit oder, wenn Gott es so will, wenig Zeit. Denke daran, Gott will nicht, daß du unwissend or dumm bist. Er hat seine eigene Weise dich den Rechten Weg wissen zu lassen... daß du immer Hand in Hand mit Jesus Christus gehst. Segen über dich wenn du dich auf deinen einzigartigen Weg machst! Kein anderer ist so wie du und für die Zwecke, die du erfüllst, geschöpft. Alles beste in Christus!

4 Der Weg unseres Lebens wurde von Gott vor Zeitaltern geplant...

Vielen Dank an Ilse dafür, daß sie uns diese Zeugenaussagen von Gottes Großem Entwurf, die sie in „*Das Tagebuch des Hilfspfarrers*" (The Curate's Diary) von Pfarrer T. Doyle las, emailte:

Ein 43-jähriger deutscher Polizist war im Jahr 1920 besorgt, daß er nicht die richtige Frau zum Heiraten gefunden hatte. Verzweifelt inserierte er in den Zeitungen der Umgebung wie folgt:

„*Beamter im mittleren Dienst, ledig, katholisch, 43, tadellose Vergangenheit, lebt auf dem Lande, sucht ein gutes katholisches, reines Mädchen, die gut kochen kann, alle Hausarbeiten beherrscht, mit Talent für Nähen und Hausfraulichkeit, mit Blick auf bald- möglichste Heirat. Vermögen ist erwünscht aber keine Vorbedingung.*"

Eine Dame namens Maria Peintner antwortete auf die Anzeige. Sie war 36 Jahre alt, eine gelernte Köchin, und war unehelich geboren. Während sie Maria trug verbrachte Ihre Mutter, die angeblich auch unehelich geboren war, einige Zeit in einem

Heim für schwangere Mädchen. Später heiratete die Mutter einen Bäcker, mit dem sie fünf Töchter hatte, einschließlich Maria. Maria hatte kein Vermögen, aber sie selbst war ein Schatz. Sie heiratete den Polizisten vier Monate später. Trotz ihrer etwas fortgeschrittenen Jahre hatten sie zwei Jungen und ein Mädchen.

Das jüngste Kind erhielt denselben Namen wie sein Vater: Joseph Ratzinger, heute besser als Papst Benedikt XVI bekannt. Nach seiner Wahl zum Heiligen Amt grub jemand die „Ehefrau gesucht" Anzeige aus und zeigte sie dem Papst. Er lächelte und fügte hinzu, daß sie die besten Eltern zu ihren Kindern gewesen waren. Er wusste, daß seine Eltern einander und die Kinder wirklich liebten. Tatsächlich hieß seine erste Enzyklika *Gott ist Liebe*, welche die Ehe als das hervorragendste Beispiel von Gottes Liebe für die Menschheit beschreibt. Selbst wenn es unehelich ist, ist jedes Kind ein Geschenk... und hat die Möglichkeit, erwählt zu werden, Die Epiphanie von Gottes Liebe weiterzuführen!

5 Eine weiße Taube, ein Zeichen von oben gesandt...

Es war spät am Abend wenn ich nach Dallas zurückfuhr, um mich nach einem weiteren Tag als reisender Vertreter etwas auszuruhen. Da sah ich einen großen Vogel direkt vor mir in der Mitte der Straßenspur sitzen. Bestimmt würde er doch wegfliegen wenn ich mich näherte. Aber er tat das nicht. Zu meinem großen Kummer hatte ich ihn dann direkt überfahren. Ich schaute zurück und er saß aber immer noch da. Ich fuhr meinen Wagen rückwärts zu ihm zurück, um zu sehen ob er tot war, oder wenn nicht, zu versuchen ihn zu bewegen von der Straße fortzufliegen. Es war eine weiße Taube. Gerade als ich anhielt um aus dem Wagen zu steigen, flog die Taube fort. „Was für ein dummer Drill der Zwecklosigkeit!" spottete ich über mich und die Zeitverschwendung. Ich fuhr weiter und erreichte das Motel in Dallas, wo ich zwei Nächte bleiben wollte.

Früh am nächsten Morgen hörte ich etwas an meiner Tür kratzen. Überrascht öffnete ich die Tür und es stimmte: da war eine weiße Taube mit einem lahmen Bein. Ich fragte bei der Rezeption ob es einen Tierarzt in der Nähe gab, und ja, da war einer. Der Arzt war damit einverstanden, die Taube zu behalten um sie wiederherzustellen. Ich sagte ihm, daß ich den Vogel nicht behalten konnte und gab ihm zehn Dollar für seine Mühe. Er stimmte zu.

Der nächste Morgen war ein Sonntag. Als ich eine Zeitung holen wollte, kam auch eine Dame zum Zeitungsstand. Ihre Nase war schrecklich entstellt. Ich begrüßte sie und sie erwiderte den Gruß. Sie begann die Unterhaltung indem sie sagte, daß sie aus Phoenix sei und am nächsten Tag einen Termin bei einem Krebsarzt hätte. Ich sagte, daß ich für sie beten würde. Dann fragte sie mich ob ich an Wunder glaubte. „Sie geschehen schon," sagte ich. Dann fragte sie mich wo sie hingehen könnte, um für ein solches Wunder zu beten. Ich hatte gehört, daß die Dominikaner eine charismatische Gemeinde hatten, und sie hatten eine Gebetsgruppe mit Handauflegen und Wunderheilungs-Gottesdiensten. Aber ich hätte diese niemals besucht. Dann fragte sie mich, ob ich sie dort hinnehmen könnte. Etwas überrascht stimmte ich zu. Als ich die Adresse nachsah, fand ich heraus, daß sie sich in der Turnhalle des Dominikanischen Gymnasiums in einem Dallas-Vorort, Mesquite, befand.

So nahm ich sie dorthin. Ich hatte so etwas noch nie erlebt. Da war ein kleines Orchester, viel Singen, spontanes Beten, Bibel-lesen, ein Priester predigte, und dann kamen die Zeugenaussagen; hinterher dann noch in Seitenräumen: Fragen von Neuankömmlingen, Bibel-Studien, ein Zimmer für Babypflege, ein besonderes Gebetszimmer für Wunderheilungen, und ein Kaffee-und-Kuchen Zimmer zur Geselligkeit und zum Plaudern, usw.

Wir gingen in das besondere Gebets-Zimmer für Wunderheilungen. Ungefähr fünf Menschen waren vor meiner befreundeten Dame an der Reihe. Wenn sie daran kam, versammelte die Kerngruppe sich um sie herum und begann, in Zungen zu beten und noch mehr. Dann sagte eine von ihnen plötzlich zu der Gruppe, daß sie aufhören sollten: sie hatte eine Offenbarung oder Wort des Wissens, daß die Dame eine tiefes Haßgefühl gegenüber jemanden in ihrer Familie habe und mehr Gebete seien nicht mehr notwendig. Ich war verblüfft und wollte aufstehen und weggehen. Plötzlich wurde meine Dame vor Verlegenheit rot im Gesicht und sagte, ja, sie haßte ihren neuen Schwiegersohn weil er ihren Wünschen nicht folgte. Je mehr er ihre Forderungen ablehnte, desto mehr wandte sich gegen ihn. Die Kerngruppen-Dame fragte sie dann, ob sie ihrem Schwiegersohn vergeben und versuchen würde, ihn nicht mehr herumzukommandieren. Sie antwortete, daß sie das machen und ihr Bestes tun würde, dies zu vermeiden, und daß sie sich nicht gewahr war, daß die Sache so ausgeartet war. Die Kerngruppen-Dame umarmte sie und bat die Gruppe, mit dem Beten für die Heilung der Krebs-zerstörten Nase fortzufahren. Die Gebete waren ernsthaft und die Dame ging vor Freude strahlend fort. Dies alles beängstigte mich beinah zu Tod. Ich war froh, von dort wegzukommen. Die Unverfrorenheit regte mich auf.

Aber etwa einen Monat später erhielt ich einen Telefonanruf von der Dame in Phoenix. Der Krebs war verschwunden und die Nase hatte sich von selbst wieder hergestellt. Sie behauptete sie wäre geheilt. Sie und ihre Familie waren Methodisten aber sie begannen, zur Gebetsgruppe im Bischof-Brophy-Gymnasium in Phoenix zu gehen. Ihr Schwiegersohn begann auch, die Gebetsgruppe zu besuchen und wurde gebeten, seine Gitarre während ihrer musikalischen geistlichen Arbeit zu spielen. Sie verstanden sich großartig. Alles zum Lob ihres Gottes, der Heilt!

Hier ist in Beispiel von zwei gleichzeitigen Epiphanien: denn ich verstand den Sinn der Sache auch als ich herausfand, daß die Taube den Heiligen Geist darstellt. Die Taube auf der Straße war wahrscheinlich der Gute Herrgott, der meine Einfühlsamkeit zur geistlichen Arbeit getestet hatte. Ich fing dann auch an, zu einer Gebetsgruppe in der Nähe zu gehen. Und tatsächlich erhielt ich das Geschenk, in Zungen zu reden - gerade die Sache, die mir so sehr bei der Dominikanischen Gebetsgruppe missfallen hatte!

Anmerkung des Redakteurs: Nachdem ich es im Internet in Google eingab, habe ich herausgefunden, daß die Gebetsgruppe in der Turnhalle des Bischof-Lynch-Gymnasiums in East Dallas stattfand. Der Prediger war der bekannte Dominikanische Theologe und Schriftsteller, Pfarrer Paul Hinnebusch, O.P.. Er verstarb in 2002, was bedeutet, daß die Dame mit dem Krebs, die Freundin, eine Zeit vor Pfarrer Hinnebuschs Tod dort hingegangen war. Die Gebetsgruppe existiert noch und heißt Die Christliche Gemeinde von Gottes Freude [The Christian Community of God's Delight], 4500 West Davis St., Dallas, TX 75211, Tel: 214-333-2337, und kommt sonntags um 16:00 Uhr zusammen. Bobie Cavnar war der Gründer der Gruppe und ist ein landesweit bekannter katholischer Evangelist. Die „Zufälle" dieser Geschichte sind ganz erstaunlich.

6 **ein Engel sein ohne es zu wissen**

Mehrere Jahre lang war ich immer mehr deprimiert geworden, das heißt, betrübt über meine erwachsene Tochter und einen Sohn. Ihre Lagen wurden immer schlimmer und ich fürchtete, daß ich zusammenbrechen würde bevor sie es täten. Ich konnte sie einfach nicht dazu bewegen, zur Messe zu gehen oder einen Besuch beim Gesegneten Sakrament zu machen. Wir wohnen auf dem Lande 75 Meilen [120 km] von der Stadt mit Einkaufszentren entfernt. Eines Tages machte ich einen Trip zur Stadt um beim Payless-Geschäft einzukaufen. Ich ging hinüber zu einer Verkäuferin, die interessant aussah und fragte sie wo ein gewisser Artikel sein könnte.

Die Verkäuferin war sehr angenehm und wir unterhielten uns eine Weile. Dann fügte sie hinzu, sie hätte als ich in den Laden kam bemerkt, daß ich vielleicht eine ganz große Last auf mir hätte. Ich gab zu, daß das stimmte. Dann überraschte sie mich indem sie mir plötzlich versicherte, daß Gott sich bereits um die Sachen kümmerte und meine Gebete hörte, und daß ich bald Grund haben würde, Ihn zu loben. „Ich hoffe das," antwortete ich und dankte ihr für die Ermutigung als ich mich auf den Weg machte.

Nach einigen Wochen erhielt ich einen Anruf von meiner Tochter und hörte, daß ihr Problem wegen einer großen Geldsumme gelöst war. Dann rief mein Sohn einige Tage später an, um mir zu sagen, daß er eine Beförderung erhalten hatte und die Lage besser aussah. Beide dankten mir und wußten, daß ich Tag und Nach für sie gebetet hatte und sehr besorgt war. Ich sagte einen Rosenkranz als Danksage. Dann erschien es mir ich sollte in die Stadt fahren und der Verkäuferin die gute Nachricht geben. Ich kam im Laden an und ging zu der Kasse, wo sie gewesen war. Aber ich konnte sie nirgends finden. Ich fragte den Manager was mit der Dame geschehen war... ich beschrieb sie so gut ich mich erinnern konnte, und sagte ihm ich erinnerte mich nicht, daß wir Namen ausgetauscht hatten. Er antwortete, eine solche Frau hätte dort nie gearbeitet und daß er keine Verkäufer in letzter Zeit anstellen mußte, und daß seine Verkäuferinnen schon lange Jahre bei ihm arbeiteten. Er bestand darauf, daß ich im falschen Geschäft war. Nein, dieses war der richtige Laden. Ich hatte auch einmal von „Engeln sein ohne es zu wissen" gehört. Ich folgerte, daß die Verkäuferin eine Botin von Gott gewesen sein mußte, damit sie mich von einer tiefen Niedergeschlagenheit fernhielt und um meinen Glauben zu steigern und zu stärken. Jetzt bete ich mit viel mehr Vertrauen... und Danksagung!

Ein Engel sein ohne es zu Wissen? Siehe **Hebräer 13:2,** *Vergesst nicht, gastfrei gegenüber Fremden zu sein, denn dadurch haben etliche ohne ihr Wissen Engel beherbergt.* (Es scheint Gott schickt Engel als Boten zu gewissen Menschen, wenn jemand in der Nähe nicht die Gabe hat zu tun, was der Engel dann tun würde).

7 Wesen füllen Plätze, wo Gott nicht willkommen ist...

Mein Mann und ich waren sehr glücklich als wir erfuhren, daß sein Großvater ihm das Familienhaus draußen auf dem Lande vererbt hatte. Wir hatten zwei Kinder in den Zwanzigern, die das Heim schon verlassen hatten. Wir hatten immer wieder versucht, aber wir konnten keine Kinder mehr bekommen, obgleich wir sehr gern noch ein weiteres Kind haben wollten. Wir freuten uns, in das Landhaus einzuziehen, aber die Dinge wurden gleich von Anfang an etwas seltsam. Im Schlafzimmer hing ein Bild der Großeltern, das uns sehr gefiel, und wir wollten es dort behalten. Aber es hing immer schief zur Seite, egal wie oft wir es wieder gerade machten. Einen Tag würde ich es gerade aufhängen und am nächsten Tag würde ich es wieder schiefhängend auffinden. Unsere Katze kam ins Zimmer und begann dann zu schreien und lief gleich wieder hinaus. Wir fingen beide an, uns in dem Zimmer sehr unbequem zu fühlen, konnten aber nicht austüfteln, warum. Schließlich dachten wir, daß wir einfach zu aufgeregt waren von der Überraschung, das Haus zu bekommen und auf dem Lande leben zu können.

Wir sprachen darüber, wie unbequem wir im Haus waren, was eine große Überraschung für uns war. Wir hatten Oma und Opa vor Jahren oft besucht und nicht einmal hatten wir daran gedacht, daß vielleicht etwas mit dem Haus nicht in Ordnung sein könnte. Und dann ging es mir auf und ich fragte meinen Mann: „Hast du je gewußt warum Oma und Opa nie in die Kirche gingen oder nie ein Mahlzeitgebet sagten? Sie fragten nie warum wir zur Kirche gingen und unsere Kinder in den Sakramenten erzogen. Könnte es sein, daß das Haus von dem einen oder anderen Ding gespukt wird?" „Vielleicht, ich weiß es nicht. Aber irgendwas geschieht hier. Ich werde einige Nachforschungen anstellen..."

Sie traten mit Freunden, die an einer Gebetsgruppe beteiligt waren, in Verbindung. Nach ein paar Tagen kamen einige Mitglieder der Gruppe zu ihnen ins Haus. Nach einer Weile schlug der Anführer vor, in jedem Zimmer zu beten und jeden Raum mit gesegnetem Heiligen Wasser von der Kirche zu besprenkeln, um die Zimmer für Jesus Christus zu beanspruchen. Sie sprachen das Vaterunser, das Ave Maria, das Ehre sei Gott in der Höhe, und in strengem Ton... *„daß diejenigen, die jetzt in diesem Hause leben, streng an Christus glauben und immer dem Herrn Jesus dienen wollen. Wenn du ein gefallener Geist bist oder dem Bösen gehörst, solltest du diesen Platz verlassen denn du würdest dich hier sowieso nicht wohl fühlen. Wir sagen dir, diesen Platz sofort zu verlassen, im Namen des Vaters, des Sohnes Jesus, und des Heiligen Geistes!"*

Wir dankten der Gruppe für ihre Gebete und erhofften das Beste. Am nächsten Morgen wurden wir ganz früh von unserer Katze erweckt. Das war ein Schock, denn die Katze war vorher nie in unser Zimmer und zu unserem Bett gekommen. Wir waren überrascht. Auch war das Bild an seinem Platz und hing richtig. Und wir fühlten uns anders. Wir bemerkten, daß die Luft frischer war. Ich ging sofort ans Telefon und rief meinen Gebetsgruppen-Freund an. Wäre es möglich, daß unsere Gebete beantwortet worden sind? Wochen gingen vorbei und alles war völlig normal. Nicht nur das, aber ich erfuhr, daß ich schwanger war. Das war die Antwort, mein Mann und ich glauben jetzt wirklich an die Bibel und sagen oft: ... *„was mich und* *mein Haus betrifft, wir werden dem Herrn dienen!"* **(Josua 24:15).** Wir wollen keine spirituelle Leere in unserem Haus, so wie es unseren Großeltern geschah, die so viele Jahre lang aufgehört hatten, zur Kirche zu gehen. Jesus ist der Mittelpunkt unserer Familie!

Jakob 4:7-8... *Unterwerft euch also zu Gott. Widersetzt euch dem Teufel, und er wird von euch fliehen. Kommt näher zu Gott, und Gott wird euch näher kommen.*

8 Die Heilung einer Erinnerung

Gina und ich, Anna, entschieden uns, die 300 Meilen [485 km] Reise zu machen zu dem Gloriette Lager in New Mexico für eine Wochenend-Exerzitien (Rüstzeit), die ein Nonnen-Orden, die Jünger des Herrn Jesus Christus, gab. Ihr Mutterhaus war eine Gebetsstadt in der Nähe von Amarillo, Texas. Gina wollte ihre Beziehung mit Christus vertiefen. Ich brauchte das auch; aber ich dachte, es würde ein fröhlicher Trip werden, ganz egal was. Was für eine herrliche Umgebung für eine Rüstzeit. Da waren mehrere hundert Teilnehmer im Lager und alle waren sehr freundlich. Mutter John Marie, die, wie wir herausfanden, sogar Gründerin dieser Schwesterngruppe war, begrüßte uns. Wir erhielten alle ein Programm, welches die tägliche Messe mit darauf folgendem Frühstück, ein allgemeines Willkommen und dann die Gelegenheit, von mehreren

Themen und Darbietungen auszuwählen, einbeschloss. Ich sagte Gina, daß mir eins gefiel, *die Heilung von Erinnerungen*. Sie sagte, das schien ihr auch zu gefallen, daher fanden wir das Gebäude und setzten uns hin.

Die Vortragende war von Beruf entweder Sozialarbeiterin oder Psychologin und eine praktizierende Christin. Sie beschrieb wie jemand einen mächtigen, zumeist negativen Ruck von etwas oder jemandem in seinem Leben erfahren könnte. Manchmal wäre das Ereignis so erschütternd oder schockierend, daß die Person es nicht richtig aufnehmen könnte; oder sich weigerte es anzunehmen oder zu verarbeiten, und es dabei tief in sein Unterbewußtsein als eine Art von Unterdrückung sinken ließe.

Und dann begann sie ein sehr friedvolles und äußerst nachdenkliches Gebet mit der Bitte, daß der Heilige Geist sie durch die Geburt einer imaginären Person führe, angefangen mit dem Auge Gottes und der Gestaltung des Babys im Mutterleib. Sie betete über die Liebe, die das Paar für einander hatte, welche den Rahmen für das Kind, das bald geboren werden sollte, geschaffen hat. Sie beschrieb Punkt für Punkt die Persönlichkeiten der Eltern, sogar ihre Unterschiede. Selbst in dem Fall, wo die Eltern wenig Geld zur Unterstützung des Kindes haben, würden ihre Liebe, Opfer und Hingabe es ermöglichen, zurechtzukommen. Dann besprach die Moderatorin die Einzelheiten der Kindheit und der Beziehungen zu Geschwistern und die guten und schlechten Zeiten in der Familie. Erinnert sich jemand an seinen ersten Schultag? Und was betrifft die Lehrer und Schulkameraden? Erinnert sich jemand an irgendetwas im Klassenzimmer, oder während der Pause oder auf dem Heimweg nach der Schule?

Dann ging die Moderatorin allmählich in die Teenage-Jahre und Schulentlassung und die Universitätsjahre über; dann in die Zeit der Arbeitssuche, und sehr wichtig, ihre Beziehungen zu Eltern und anderen während jener Jahre. Wie war ihr Verhältnis zu Gott und ihrer Kirche während der Jahre seit der Ersten Kommunion und dem Sakrament der Konfirmation, als junge Erwachsene, bis in ihre zwanziger Jahre?

Vielleicht hatte sie dann die Alter der im Raum Anwesenden geschätzt und beendete den Rückblick auf mögliche Erinnerungen. Dann dankte sie dem Herrn für die Gabe der Erinnerung und jegliche Erinnerung, die vielleicht erweckt wurde. Manchmal war die Erinnerung überhaupt nicht angenehm und erforderte es, jemandem zu vergeben oder sich zu entschuldigen. Oder die glücklichste Erinnerung würde auftauchen, die es erforderte, einem besonderen Menschen oder insbesondere Gott zu danken. Zum Abschluss bat sie uns, ihr privat irgendwelche bestimmte Erinnerungen in einem anderen Raum zu erzählen. Nach einem Danksagungsgebet hob sie die Versammlung auf.

Gina gefiel diese Diskussionsrunde sehr aber sie sagte, daß sie sich an kein ungewöhnliches Ereignis erinnern könnte. Zu meiner großen Überraschung war ich anders. Ich erinnerte mich lebhaft an die Zeit wenn ich in der 5ten oder 6ten Klasse in der Schule war, wenn mein Lehrer ansagte, daß wir alle ein schönes Gedicht für unsere Eltern schreiben sollten. Wir sollten es zu ihnen bringen; vielleicht um ihnen für etwas das sie getan hatten zu danken oder zu sagen, wie gut es war sie als Eltern zu haben. Mein Vater war nicht mehr am Leben; aber meine Mutter hatte zufälligerweise gerade an demselben Tag Geburtstag. Ich schrieb ein Gedicht für sie. Es reimte sich sogar. Dem Lehrer gefiel es und er ermutigte mich, es meiner Mutter zu geben.

Als ich nach der Schule nach Hause kam, lächelte ich und gab meiner Mutter das Gedicht und gratulierte ihr zum Geburtstag. Sie las, und las es noch einmal. Aber dann legte sie das Papier hin und begann, mich auszuschelten: *du hast das NICHT geschrieben! Du sollst mich nicht anlügen. Tu das nur nie wieder!* Ich versuchte, sie davon zu überzeugen, daß ich es geschrieben hatte; sie könnte sogar den Lehrer fragen. Aber sie zuckte nur die Achseln und ging, um etwas anderes zu tun. Manchmal war sie eben so, und es war keine so große Überraschung für mich. Ich ging nach nebenan, um mit einer Nachbarsfreundin zu spielen.

Nur als während des Lagers das Ereignis in meiner Erinnerung auftauchte, ist mir klar geworden, daß es eine Wirkung auf mich hatte. Vielleicht wollte ich beweisen, daß ich dies oder das gut tun konnte; und dabei wurde ich vielleicht ein Überleister. Jetzt tat mir meine Mutter leid anstatt bitter zu sein, und ich entschloss mich, daß ich sie von jetzt an über mich nicht mehr aufregen lassen würde. Während der Jahre habe ich auch Gott für die Schwestern in Prayer Town [Gebetsstadt], Texas gedankt, und für die gute Arbeit die sie tun indem sie Rüstzeiten machen und Menschen wie mir helfen, ein besseres Verhältnis zu Eltern, Freunden und zu Gott zu haben.

9 Wir empfangen unsere himmlischen Körper...

Ich möchte euch von einem Traum, den ich hatte, erzählen. In dem Traum ging ich einen Landweg entlang, als ich in weiter Ferner einen Menschen auf dem Weg auf mich zu kommen sah. Als er näher gekommen war, dachte ich ich erkannte ihn, einen meiner Freunde namens Frank, der vor ungefähr fünf Jahren an Krebs gestorben war. Sobald wir uns hören konnten, sagte ich: *„Frank, bist du das?"* Worauf er antwortete: *„Ja, das bin ich...und wie geht es dir?"* Ich antwortete: *„Mir geht es gut,"* aber ich konnte nicht aus dem, das ich sah schlau werden und dachte ich „sah etwas." Ich platzte heraus: *„wie kommt es, daß du hier sein kannst?"* Da lächelte er... und ich erwachte plötzlich. Ich konnte Frank immer noch so klar wie in dem Traum sehen.

Als ich auf der Bettkante saß, war ich erstaunt, daß Frank so lebendig aussah und viel jünger als die 60 Jahre alt, die er zur Zeit seines Todes war. Ich kannte ihn mit wenig Haaren, doch jetzt hatte er einen Kopf voller Haare. Er hatte ungleiche Zähne und ihm fehlten einige wenn ich ihn kannte, aber in dem Traum schien er all seine Zähne zu haben. Ich bemerkte auch, daß ich ihn als hager oder dünn kannte, aber in dem Traum war er ganz ausgefüllt. Er redete gern; und ich war davon überzeugt, daß er Gott dazu überredet hatte, ihn mit eigenen Augen sehen zu lassen, daß ich okay war. Ich konnte auch sehen, daß es ihm gut ging! Und mein Glaube in etwas, das ich vor Jahren gelernt hatte wurde auch bestätigt in dem Traum: daß wenn wir auf dieser Erde sterben, dann erhalten wir neue himmlische Körper für das himmlische Reich.

10   Mein lieber Schutzengel!

Ich heiße Mariechen. Dies ist vor etwa fünfzehn Jahren geschehen, als ich mit meinen
zwei Töchtern, die damals 12 und 15 Jahre alt waren, im Auto fuhr. Nachdem wir
Lebensmittel eingekauft hatten, waren wir auf dem Heimweg als es gerade dunkelte..
Der schnellste Weg heim war etwa 10 Meilen (16 km) über die Bundesstraße
[Interstate]. Plötzlich machte der Wagen ein stotterndes Geräusch und wurde
langsamer, aber ich war in der Lage, das Auto auf den Seitenstreifen zu steuern. Ich
betete, *„Herr, bitte sende deine Engel um uns hier draußen sicher zu bewahren.“* Damals gab es
keine Handis und ich fürchtete immer Schwierigkeiten auf der Landstraße, besonders
während der Nacht. Ich wußte, daß ich meine Kinder an die Hand nehmen und zum
nächsten Haus, das Lichter anhatte, gehen mußte. Bestimmt konnte ich sie nicht allein
im Pkw lassen wenn ich weg ging, um Hilfe zu finden. So bereitete ich sie vor, mit mir
zu kommen und sagte ihnen mich immer fest anzufassen und nicht loszulassen.

Gerade als ich das Auto abschloss und wir uns vorbereiteten fortzugehen, kam
ein großer weißer Lieferwagen mit zwei großen Männern herangefahren: Ich begann zu
zittern. Aber als sie aus ihrem Fahrzeug stiegen, konnte ich nur wahrnehmen wie
anständig aussehend und beruhigend sie waren. Sie trugen ganz weiße Uniformen.
Einer von ihnen begrüßte uns und sagte, *„.Wir möchten helfen. Bitte lockern Sie den*

Haubenriegel, und wir werden mal versuchen zu sehen was los ist." Ich lockerte den Riegel und hatte gleich das Gefühl, daß Gott sie gesandt hatte. Sie arbeiteten eine Weile unter der Haube und schlossen sie dann. *„Nichts Ernstes, nur eine lose Verbindung. Sie können weiterfahren.*" Ich fragte sie: *„Sind Sie Engel?*" Sie lächelten, stiegen in ihren Wagen, winkten und fuhren fort.

Bis zum heutigen Tage bin ich davon überzeugt, daß sie Engel waren. Gott hatte meine Gebete beantwortet und wollte uns schützen. Für welchen anderen Zweck hätte Gott sonst die Engel geschaffen wenn nicht für diesen! Ich dankte Gott immer wieder. Jetzt bin ich Großmutter und danke immer noch. Indem ich diese Geschichte berichte, danke ich weiterhin meinem Himmlischen Vater.

11 **So voll von mir selbst, da bleibt kein Raum für Segen**

Obwohl diese Geschichte eine Erfindung ist, war sie via e-mail geschickt und berichtet von einer wichtigen Lehre, daß Gott um jeden einzelnen von uns besorgt ist.

Der Alte Jacque wohnte an einem sumpfigen Flußarm in Louisiana und lebte vom Angeln, Krabbenfischen und solchen Dingen. Er hatte ein Lang- und Mittelwellenradio, welches meistens angestellt war. Eines Tages kam ein dringender Wetteralarm durch, der den Hörern sagte, daß ein gewaltiger Sturm auf dem Weg war und alle Personen sofort höheren Boden suchen sollten. Jacque war damit beschäftigt, einen großen Alligator, den er gefangen hatte, zu verarbeiten und ignorierte den Alarm. Der Regen fing an zu gießen. Ein Nachbar kam an seinem Haus angefahren und rief ihm zu, ein paar Notwendigkeiten zu ergreifen und mit ihm zu einem Land-Schulhaus, das auf höherem Boden lag, zu kommen. „Ne, ich bin okay. Merci (Danke)."

Der Fluß stieg schnell an und war halbwegs zu Jaques Haus angestiegen. Dann kam ein Motorboot beinah bis zu seinen Vorderstufen. „Komm rein, müssen hier raus!" „Ne, ich bin sicher." Da raste der Mann im Motorboot fort.

Der Alte Jaque begann, Sachen zum Dachboden hinaufzutragen. Der Regen goß in Strömen. Er öffnete das Bodenfenster und kroch aufs Dach hinaus. Er hörte das laute Geräusch eines Hubschraubers und eine Stimme über einen Lautsprecher, die ihm zurief, das Seil das mit einem Kübelsitz verbunden war zu greifen und sich in den Sitz zu setzen und fest anzuhalten. Aber Jacque winkte dem Hubschrauber einfach zu, wegzufliegen.

Das nächste, das Jacque gewahr wurde, da entdeckte er daß er im Vorraum des Himmels stand. Vor ihm waren Gott selbst, stehend, und zur Rechten des Vaters saß Jesus im Urteilssitz, und eine schöne weiße Taube – der Heilige Geist, der sich hoch über dem Urteilssitz niedergelassen hatte. Jesus sprach: „Willkommen im Himmel, Jacques. Das ist die gute Nachricht. Aber die schlechte Nachricht ist, daß du nicht die Barmherzigkeit, Wahrheit und Weisheit, die wir dir geschickt haben, benutzt hast, und stattdessen die Menschen, die wir dir zur Hilfe gesandt hatten, weggeschickt hast. Daher wirst du eine Zeit im Fegefeuer verbringen müssen, damit du auf die Herrlichkeit des Himmels vorbereitet wirst. Meistens warst du ein guter Nachbar und hast gemacht, was du konntest anderen zu helfen. Aber wir wollten nicht nur, daß du den Zehn Geboten gehorchst, sondern wir wollten auch, daß du in deinem Glauben und deiner Verpflichtung heranreifst, indem du die Seligkeiten anregst oder sie wirst (siehe Matthias 5:3-11; Lukas 6:20-22)

Die Hilfe oder Großzügigkeit anderer anzunehmen ist eine Seligkeit. Zuerst haben wir dir den Wetterbericht gesandt; dann einen Nachbarn damit er dich zu einem höher gelegenen Boden fährt. Und Jahre zuvor hatte unser Partner hier, der Heilige Geist, es in den Kopf des Bau-Ausschusses der Schule gesetzt, daß sie diese bestimmt auf höher gelegenem Boden bauen würden, falls eine schlimme Flut kommt. Wir sind dankbar, daß sie dem Heiligen Geist zugehört haben.

Und schließlich schickten wir dir einen Hubschrauber. Es läßt sich entschuldigen, unwissend zu sein. Aber dumm zu sein, mit deinem guten Menschenverstand, mag zwar nicht tödlich sein aber es ist eine Art entschuldbare Sünde, besonders nach allem das diese Leute durchmachten, um dir zu helfen. So haben wir einen besonderen Platz für Leute wie dich im Fegefeuer. Du wirst die Gelegenheit haben, dich bei jedem in deinem Leben zu entschuldigen, dessen Hilfe du abgewiesen hast aus diesem oder jenem Teil deines Egos, deines Stolzes. Dann, wenn du endlich gewahr wirst wie dumm du warst, wirst du für die wundervollen Freuden des Himmels vorbereitet sein.

Lehre: Sei nicht so voll von deinem eigenen „Kram" – daß du keinen Platz für Segen hast!

12.A *Gott hört die Rufe Seiner Menschen...*

Ich heiße Julie Arizola und bin aus Fredericksburg in Texas, und ich freue mich, Gott zu loben indem ich diese Erlebnisse erzähle. An einem dunklen Winterabend war ich auf dem Heimweg nach Fredericksburg nach einem Besuch bei meiner Familie in San Antonio. Plötzlich fiel ein sehr dichter Nebel und ich konnte kaum etwas vor mir sehen. Ich bekam Angst und es erschien als ob ich der einzige Mensch auf der Straße war. Ich betete: „Gott, hilf mir. Ich habe Angst und brauch Deinen Schutz." Als ich einen Berg hinauf und dann ganz langsam wieder in ein Tal hinunter fuhr, sah ich die Stoßstange oder die Hecklichter eines Autos vor mir. Ich konnte dem Wagen folgen. Wir würden jedoch bald zu der Abbiegung von der Bundesstraße nach Fredericksburg kommen und ich befürchtete, daß das Auto vor mir geradeaus weiterfahren und nicht abbiegen würde. Aber dann stellte der Wagen die Blinker an, was anzeigte, daß er tatsächlich in meine Richtung fuhr. „Ich danke Dir, Gott," rief ich aus. Ich folgte weiterhin dem Auto bis sich plötzlich der Nebel lichtete. Der Wagen vor mir fuhr auf die rechte Bankette; ich fuhr an ihm vorbei und winkte ihm ein „Dankeschön" zu. Dann merkte ich, daß der Wagen umkehrte und in die Richtung, aus der er gekommen war, zurückfuhr. *Wurde das Auto von einem Engel gefahren? Gott ist ganz sicher immer bei uns und hört unsere Gedanken und Gebete, selbst in unseren dunkelsten Augenblicken!*

12. B *Die schöne Dame war ein Engel!*

Mein verstorbener Mann, Robert, und ich haben früher ein Restaurant betrieben. Eines Tages konnte ich meine Brille nicht finden als wir schließen wollten. Ohne diese rezeptpflichtige Brille, die ziemlich teuer war, konnte ich kaum etwas anfangen. Ich brauchte sie besonders zum Fahren. Was sollte ich nur anfangen? Wir hatten damals nicht das Geld, eine neue Brille zu kaufen. Verschiedene Dinge waren in unserer Familie vorgefallen und unsere Unkosten und Ausgaben waren himmelhoch angestiegen.

Wir waren gerade im Begriff, das Restaurant für den Tag zu verlassen, als eine schöne Dame hereinkam. Sie hatte es eilig und mußte sich weiter auf den Weg machen, aber sie war sehr hungrig. Wir unterhielten uns ein wenig; sie aß und ging dann fort. Etwas später ging ich zu ihrem Tisch hinüber und entdeckte, daß sie ihre Brille vergessen hatte. Sie hatte bar bezahlt und es war unmöglich, sie zu kontaktieren und sie war schon längst verschwunden. Vielleicht würde sie zurückkommen. Ich probierte die Brille an und fand heraus, daß sie ganz genau nach meinem Rezept war. Ich erwartete einen Anruf von der Dame oder daß sie zurückkehren würde, um ihre Brille zu finden. Aber nichts geschah je. *Ich glaube die Dame war ein Engel, den der gute Herrgott herunter gesandt hatte, um mir zu helfen. Gott sei gelobt!*

12. C   *Gott läßt Engel Lkw fahren*

Aus den Kiefernwäldern von Ost-Texas... Meine fünfjährige Nichte und ich verbrachten das Wochenende bei Verwandten, und genossen das selbstgekochte Essen, und die Gelegenheit, über dies und das zu schwatzen... als ganz plötzlich ein Wetteralarm läutete, der einen Sturm, der in der Gegend braute, ansagte. Da wir unsere Abreise schon einmal aufgeschoben hatten, entschied ich schnell unsere Sachen einzupacken und abzufahren. Wir würden in eine ganz andere Richtung wie der Sturm fahren. In Eile umarmten und küssten wir einander und sprangen in unseren Kleinbus und fuhren los. Das Sturmgebiet schloss ungefähr 50 Meilen [80 km] ein und mit etwas Glück könnten wir es vermeiden, wenigstens dachten wir das.

Aber wir waren noch nicht zehn Meilen [16 km] unterwegs als wir direkt in den Sturm hineinfuhren. Ich sagte meiner Nichte sie sollte in den Rücksitz springen und sich ganz und gar mit einer Decke bedecken und ganz leise sein. Ich sagte ihr, daß ich ganz aufmerksam sein müsste und sie sollte nicht sprechen. Und dann fing der schlimme Regen an und der heulende Wind schleuderte viele Kiefernzapfen gegen die Busfenster. Darauf folgte Hagel. Während ich das schlimmste befürchtete, betete ich ununterbrochen.

Vor uns erschien ein großer Lkw, der sich ganz langsam bewegte. „Wenn er es schafft, kann ich es auch, wenn ich dicht hinter ihm bleibe," sagte ich zu mir. „Und wenn er zur Seite abdreht um da zu parken, mach ich das auch." Glücklicherweise kamen wir nach einer Weile aus dem Sturm, der in eine andere Richtung ging, heraus. Ich gab dem Lkw-Fahrer ein „Danke"-Lichtsignal als es mir möglich war, ihn zu überholen und fuhr weiter. Aber ich hielt an als wir an einer Tankstelle mit einem Café anlangten. Der Verkäufer erzählte uns daß dort, woher wir kamen, ein riesengroßer Tornado runtergekommen sei; wir hätten Glück, daß wir es zu seiner Tankstelle geschafft hatten.

Als meine Nichte 30 Jahre alt war, fragte ich sie ob sie sich an den Kiefernwald vor so vielen Jahren erinnerte. Sie antwortete: „Tante, du hast das nicht gewußt aber ich hatte große Angst unter der Decke." Ich antwortete: „Ich auch! Ich glaube, daß Gott etwas damit zu tun hatte, daß wir sicher waren. Es muß ein Lkw-fahrender Engel gewesen sein, dem wir in die Sicherheit gefolgt sind!

13 Mit Gott ist alles möglich. (Matthias 19:26)

George ging im texanischen Hügelland in den Ruhestand und wählte diese Gegend wegen ihrer großartigen Golfplätze, der Landschaften und dem Wetter. Er macht gern

Spaß und macht sich über „religiöse Sachen" lustig und besteht darauf, daß er kein „Kirchengänger" ist. Ein anderes Mitglied seiner Kaffeegruppe, der die Gabe des Wortes des Wissens hat, fragte George eines Morgens dies: „George, ist dir irgendetwas Rätselhaftes passiert hinsichtlich spirituellen Dingen, die du einfach als „zufällig" abgewiesen hast?" George grinste und antwortete dann:

„Oh ja, als ich in Houston lebte, war einer meiner Kaffeefreunde dort ein Prediger. Er hatte mich mehr als einmal eingeladen, am Sonntag in seine Kirche zu kommen. Ich dankte ihm und sagte aber, daß es einen höllischen Regensturm geben müsste, um mich an einem Sonntag vom Golfplatz fernzuhalten.

Eines Morgens fragte der Pastor mich, worüber er in seiner Predigt am kommenden Sonntag predigen sollte. Ich wollte nur komisch sein und sagte schnell: ,3. Buch Mose Kapitel (?) und Vers (?)' Ich erinnere mich nicht an das tatsächliche Kapitel und Vers, die ich ihm sagte. Ich hatte sie nur gleich auf der Stelle erdacht. Der Pastor notierte den Bibeltext und entschuldigte sich, um die Arbeit an seiner Predigt zu beginnen. Am folgenden Wochenende wurde es sehr bewölkt und dann fing es an zu regnen und wollte nicht aufhören. Ich sagte meiner Frau, daß es zu naß war zum Golfspielen, und warum sollten wir nicht die Kirche meines Pastorenfreundes am Sonntagmorgen besuchen?

Der Pastor hieß uns mit offenen Armen willkommen und war angenehm überrascht. Aber niemand war mehr überrascht als ich wenn der Pastor ansagte, daß er ein besonderes Thema aus dem 3. Buch Mose Kapitel - und Vers - hatte. Nach dem Gottesdienst sagte der Pastor, daß der Gute Herrgott wirklich hinter meiner Seele her sein müsste, denn er hatte zwei Wunder vollbracht: die Schrift aus dem 3. Buch Mose und die Regengüsse, um mich vom Golfplatz fernzuhalten. Dann fügte ich ein anderes Wunder hinzu: mich in die Kirche zu bekommen!"

14 Was du für die geringsten von ihnen tust, tust du für Mich (Matthias 25:40)

Vielen Dank für Aussagen über *Die Heilung von einer Erinnerung* (Nr. 8). Vielleicht ist meine auch eine. Ich erinnere mich an 1952 als ich vom katholischen Gymnasium abging und später während des Sommers in der Universität von Texas in Austin immatrikulierte. Als ich die Registrierung vervollständigte, wartete ich ungeduldig auf den ersten Unterrichtstag. In der Nähe meiner Unterkunft war das *Night Hawk* Restaurant [Nachtfalke-Restaurant], das unter Studenten sehr beliebt war wegen ihres gehackten Koteletts und der fantastischen Erdbeerkremtorte in großzügigen Portionen zu günstigen Preisen, Ich hatte meine Bestellung gemacht. Dann kam ein Afroamerikaner herein und setzte sich zu mir. Ich war stolz ihn zu sehen da es mich daran erinnerte, wie die Nonnen uns katholische soziale Gerechtigkeitsprinzipien gelehrt hatten und unsere Verpflichtung, Rassentrennung in jeder möglichen Weise und zu allen Kosten zu bekämpfen. Gerade als das Essen vor mir hingesetzt wurde, kam der Manager zu dem Afroamerikaner und sagte ihm auf brüske Art, daß er das Restaurant verlassen müsste. Der Manager bot ihm nicht einmal einen Stuhl in der Küche oder im Lagerraum an. Der schwarze Mann stand schweigend auf und ging durch die Tür. Ich empfand es als beschämend und war total sprachlos.

Ich schämte mich so, weil ich keinen Einwand erhoben hatte oder wenigstens mit ihm durch die Tür gegangen war. Hätte man mich am ersten Schultag aus der Universität herausgeworfen? Ich dachte daran, wie viel Geld meine Eltern borgen mußten, um mich auf die Universität zu schicken. Dieses Ereignis hat mein Gedächtnis nie verlassen. Gegenüber vom Restaurant war die St. Austin-Kirche, die von den Paulisten geleitet wurde, die auch das katholische Studenten-Zentrum der Universität von Texas führten. Ich ging in die Kirche, und kämpfte mit meiner moralischen Schwäche und bat den Herrn mir zu helfen, es besser zu machen.

Es dauerte nicht lange bis ich wieder getestet wurde. Ich glaubte, ich müsste die Republikanische Partei verlassen weil die Demokraten sensitiver gegenüber Menschenrechten und für das Ende der Apartheid in den USA zu sein schienen. Als Lyndon B. Johnson den Kreuzzug zur Einführung des Zivilrechts-Gesetzes führte, war meine Konversion zur Demokratischen Partei endgültig. Nach der Universität kam das Altengesundheits- Versicherungsgesetz [Medicare law]. Die Firma, bei der ich angestellt war, arbeitete dagegen; so bin ich einfach aufgestanden und gab meinen Job auf und fand woanders Arbeit! Ich ging zur St. Augustin-Kirche, und während ich dem Kruzifix gegenüberstand, fragte ich Jesus ob ich wohl meine früheren Jahre der Untätigkeit im Restaurant auf der anderen Straßenseite wieder gut machte. Viele Jahre später macht die Nationale Gesundheitsversicherung noch größere Sorgen und wird hoffentlich gerechter für alle werden. Dann ist da die Notwendigkeit der Einwanderungsreform und ein besseres Gastarbeiterprogramm. Es scheint kein Ende der sozialen Ungerechtigkeit zu geben. Ich bin davon überzeugt, daß das Gewissen, richtig gebildet (oder wieder gebildet in Christus), auch eine Epiphanie ist, wie der Stern von Bethlehem oder Gottes Engel! Ich bete, daß ich auf dem richtigen Weg meiner Lebensreise bin.

15 Das Maria und Martha Syndrom; wähle den besten Teil, lege dich selbst in die Hände des Herrn! (Lukas 10:38)

Zwei bedeutsame Ereignisse in meinem Leben hatten die Wirkung, daß sie meinen Glauben festigten und mich zur gleichen Zeit demütigten. Sie erinnerten mich daran, daß Gottes Pläne für mich die sind, welche Er wählt; und das es immer besser für mich ist, leise zu sein und zuzuhören. Es hat viele Jahre und Kreuze zu tragen gedauert bis das endlich in mir eingesunken ist!

A. Das erste Ereignis passierte mir als Flugzeugpilot als ich ein antikes Flugzeug über die Berge von Nevada flog. Der Himmel war bedeckt mit Wolkenschichten und die trostlose Landschaft war in absolute Dunkelheit versetzt. Ich wußte, daß da Berge unter und bevor mir waren, aber ich konnte sie nicht sehen.

Plötzlich versagte der Motor des Flugzeugs und ohne Kraft ging das Flugzeug hinunter. Die Landebahn lag auf der anderen Seite der Berge. Mein Training sagte mir: wenn ein Motor versagt, sollte ich zum besten Landegebiet, das ich finden konnte, hinuntergleiten. Aber es war zu dunkel um irgendetwas zu sehen. Wenn ich höher als die Berge gewesen wäre, hätte ich die Landebahnlichter gesehen. Aber da war nur

Dunkelheit, demzufolge glaubte ich, daß ich nicht die Berge meiden und nicht die Landebahn erreichen würde.

Als ich den unmittelbar bevorstehenden Tod wahrnahm, erfuhr ich einige Sekunden reine Angst. Gedanken begannen durch mich zu jagen wie, „wer wird für meine kleinen Kinder sorgen?" Aber da kam auch eine Antwort: ich war sicher und in Gottes Händen, ob ich überlebte oder nicht. Aber von meinem Inneren begann ich, den 23. Psalm laut zu sprechen. Ich kam nur so weit wie „der Herr ist mein Hirte" als eine plötzliche Anwandlung oder Gefühl des Friedens sich in mir und um mich herum niederließ. Das Gefühl hat mich nie verlassen. Es hat mir Frieden und Freude gebracht während gewissen Zeiten von entscheidenden Augenblicken während eines Lebens, das ich für außergewöhnlich halte. Überraschenderweise erschien die Landebahn in Sicht und es war mir möglich, sicher zu landen. Es war lebensändernd für mich, Gottes körperliche Gegenwart zu fühlen, was mich weiterhin aufrecht erhält, und auch in der Lage zu sein, dieses Vertrauen mit meiner Familie und anderen zu teilen. Manchmal sehen sie mich dafür ziemlich seltsam an.

B. Im Oktober 2001 lag meine dreijährige Enkelin im Sterben an Krebs. Ich rief und betete „der Wille Gottes sei getan" aber ich glaube nicht, daß ich es wirklich meinte. Ich hoffte, daß wenn ich die richtigen Worte sagte, mein Wille getan würde und das schöne Kind auf dieser Welt bleiben würde. Als sie dann doch in den Himmel hinüberging, konnte ich kaum atmen. Die Welt hatte für mich angehalten. Ihre Eltern konnten es auch einfach nicht annehmen. Aber wir glaubten an die Wiederauferstehung und glaubten, daß wir alle an dem wundervollen „Tag des Aufstiegs" zusammen sein würden. Wir entschieden uns, einen besonderen Begräbnisplatz auf unserer schönen Hügelland-Ranch nahe Doss in Texas zu finden, und auch eine kleine Kapelle dort zu bauen. Während wir nach dem passenden Platz suchten, bemerkten wir einen Schwarm von hellgelben Schmetterlingen an einer friedlichen, baumbedeckten Anhöhe. Ich hatte über zehn Jahre lang solche Schmetterlinge nicht gesehen. Ich hatte schwarze Schmetterlinge und Monarchen gesehen, aber niemals hellgelbe Schmetterlinge, die einen 50 Fuß [15 Meter] Kreis auf einem kleinen Hügel umkreisten. Gott hatte den Patz ausgewählt! Drei Tage später kamen wir zu dem Hang wo wir ihren kleinen Körper, der ihre Seele und Geist enthielt, beisetzten. Freunde und Familie sandten schöne Blumen. Und zu unserem Erstaunen schickte Gott mehr gelbe Schmetterlinge an den Platz. Wir dankten Gott obgleich es immer noch sehr schwierig war, Frieden in unseren Herzen zu finden.

Tief in mir sitzt eine ziemliche Menge von Hartnäckigkeit, mein alter Erzfeind. Am ersten Weihnachtstag im selben Jahr, trotz einer Temperatur von nur 25 Grad Fahrenheit [minus 4 Grad Celsius] und scharfem Wind, kam ein überraschender Schwarm von hellgelben Schmetterlingen dort hin. Wir saßen einfach da und weinten. Ich verstand das als ein Zeichen von Trost und Ermutigung. Ich hegte jedoch immer noch einen Groll weil Emma von uns genommen worden war. Die Schmetterlinge kamen zurück, aber es wurden immer weniger. Ich fühlte, daß Gott mir trotz meines Grolls half. Ständige Probleme folgten mir mit meiner Familie und in meinem Beruf. Ich fühlte, daß Gott sich mit mir und meinen Hartnäckigkeitszügen befasste. Ich war fähig, Trost auf der Ranch zu finden im Wissen, daß Gott auf mich aufpaßte. Jetzt kamen neue Schmetterlinge, die mich berieten und ermutigten - besondere Freunde und Verbündete, von denen ich wußte, daß Gott sie zu mir gesandt hatte. Jahr um Jahr scheint meine Hartnäckigkeit abzunehmen. Es wird mir leichter, Gott hereinzulassen und „ruhig zu sein und zu hören", was hoffentlich mein Herz in einer Weise ändert, die Gott gefällt.

(Diese wunderschöne Aussage wurde uns von Linda Finch gesandt, deren verblüffende Lebensgeschichte man auf dem Internet finden kann, indem man ihren Namen hineingibt. Sie lebt auf ihrer Ranch außerhalb von Fredericksburg, Texas. In

Fredericksburg führt sie ein Gesundheitssystem, das sich auf Gewichtskontrolle spezialisiert. Es ist ein Teil des SpaCity/Texas [Kurort Texas] Programms. (Siehe http://www.SpaCityTexas.vpweb.com).

16 *Du wirst mich vor Schwierigkeiten schützen und mich mit Liedern der Freiheit umgeben!* ... (Psalter 32:7)

Julie Arizolas Bericht (Nr. 12.A) half mir, mich an ein etwas ähnliches Erlebnis zu erinnern, das ich als Buchvertreter vor einigen Jahren in Oklahoma hatte. Ich hatte einen Besuch bei der Southwestern University (Südwestliche Universität) in Weatherford beendet und war dann auf dem Weg zur 270 West Straße in Woodward zum Mittagessen, bevor ich weiterfuhr und den Tag in Guymon beendete. Meine nächste Schule war am nächsten Morgen die Panhandle State University (Panhandle

Staatsuniversität) in Goodwell 15 Meilen [24 km] südlich von Guymon. In Guymon war ein gemütliches Motel mit einem großartigen Steakrestaurant, was die lange Fahrt wert war, um dieses Ziel am Abend zu erreichen.

Der Winter war dabei, in den Frühling hinüberzuwechseln, und hier und da lag noch Schnee auf der Straßenseite. Ungefähr 20 Meilen [32 km] von Guymon begegnete ich dem obersten Ende eines Gebirgskamms. Von dort oben konnte ich in der Ferne die Stadt Guymon sehen. Vielleicht weil ich es noch nicht wußte, daß da noch Schnee war, hatte ich in Erwartung daß ich mich meinem Ziel näherte, auf die Pedale getreten. Als ich den sehr langen und allmählichen Abstieg hinunter in das Tal, das gleich hinter dem Optima-See gelegen ist begann, da lag plötzlich ein großer Schneeteppich an meiner Straßenseite vor mir. Plötzlich verlor ich alle Kenntnis von dem, das dann passierte. Es war als ob ich total suspendiert war, total wie mit einem Brett vor den Kopf geschlagen, als mein Auto anfing zu wirbeln und sich mindestens dreimal komplett umdrehte.

Als ich benommen im Wagen saß, hörte er auf sich zu drehen und hielt auf der richtigen Straßenseite an. Ich wußte sofort, daß ich das Steuerrad ergreifen sollte, es gerade halten und aufs Benzin treten sollte um geradeaus zu fahren, was ich machte. Dann fuhr ein Auto an mir vorbei; und ein Pkw kam auf mich zu. Ich erhöhte das Tempo langsam, weil ich den Verkehr nicht aufhalten wollte. Ich war aber immer noch schockiert, fühlte mich matt und war total überrascht, daß das Auto in der richtigen Spur aufgehört hatte zu spinnen und immer noch in die richtige Richtung fuhr... ohne andere Fahrer zu verwickeln! Das allein erschien wie ein Wunder für mich.

Ich schaute auf den Rosenkranz, der am Rückspiegel hing und auf Christus am Kruzifix. Ich dankte dem Herrn immer wieder als ich durch die Stadtgrenze von Guymon fuhr. Als ich mich der Hauptstraße näherte, bemerkte ich einen Kirchturm und fuhr in Richtung der Kirche weiter. Es war die Sank-Peter-der-Apostel katholische Kirche. Ich betrat die Kirche mit schwachen Knien und plumpste auf die erste Kirchenbank, die ich sah. Ich drückte dem Herrn meinen Dank wieder aus, und falls einige Seiner mächtigen Engel auch bei dem Vorfall geholfen hatten, würde Er ihnen bitte auch meinen Dank sagen. Nach einer Weile atmete ich regelmäßig und verließ die Kirche. Ich benutzte das Heilige Wasser an der Vordertür und machte das Zeichen des Kreuzes. Ich fuhr durch die Stadt zum Motel. Nach einer guten Rast ließ ich mir ein Steak schmecken und dankte dem Herrn nochmals dafür, daß er mir durch die schwierige Zeit geholfen hatte. Ich glaube, ich verstehe St. Peters Furcht in dem Boot und seine Angst vor dem kommenden Sturm jetzt etwas besser. Der einzige Unterschied ist, daß ich keine Gelegenheit hatte, nach des Herrn Hilfe zu rufen, es passierte alles innerhalb im Bruchteil einer Sekunde. Aber vielleicht war der Gute Herr bei mir im Auto genauso wie Er bei Peter in dem Boot war. Wegen Dingen dieser Art bemerkte ich auch, daß mein Glauben allmählich angewachsen war, genauso wie mein Vertrauen in den Herrn.

17 Vom Heiligen Geist kam das Geschenk der Hoffnung!

Meine Frau und ich entschieden uns, in die Colorado Rockies (Gebirge) zu fahren, um der südlichen Hitze und den Hundstagen des Sommers zu entkommen. Welch wunderschöne Fahrt durch das „Big Bend" [Große-Biegungs-Gebiet], die wechselnden Landschaften, an tiefen Schluchten vorbei und über Flüsse, durch Wüsten und dann in die majestätischen Rocky Mountains [Steinerne Gebirge]. Als wir in einer hübschen kleinen Stadt ankamen, hielten wir bei einem Hotel im Stil des Wilden Westens an, das uns reizte. Wir checkten ein und gingen zu unserem Zimmer in der Hoffnung, uns etwas nach der langen Fahrt auszuruhen. Als ich das Zimmer betrat, roch ich sofort einen seltsamen Geruch. Wir entschieden uns, die Klimaanlage anzuschalten und das Zimmer zu verlassen, damit es sich erfrischen konnte. Es machte uns nichts aus, unser Abendessen etwas früher zu essen und vielleicht vorher etwas in der Stadt herumzufahren.

Der Hotelangestellte erzählte uns von einem populären Café, das für seine frischgefangenen Forellen berühmt war. Es war großartig. Nach dem guten Essen gingen wir etwas am Flußufer spazieren. Wir glaubten, daß wir der Klimaanlage in unserem Hotelzimmer genug Zeit gegeben hatten, sich aufzufrischen. Wir gingen zurück und die Luft im Zimmer war ausreichend aufgefrischt. Wir entspannten uns, sahen die Fernseh-Nachrichten an und dann gingen wir zu Bett. Die lange Rast würde uns helfen, gute Kräfte für den nächsten Tag zu haben.

Am nächsten Morgen schüttelte mich meine Frau und drängte mich, mich anzuziehen um in das Versammlungszimmer zu gehen, wo das Hotel ein kleines Frühstück servierte. Ich konnte kaum antworten. Sie konnte sehen, daß ich Schwierigkeiten hatte und kaum atmen konnte. Sie ging zur Rezeption und fragte den Angestellten nach der nahesten Unfallstation oder Arzt. Er sagte, daß es solche Dienste in der kleinen Stadt nicht gäbe und daß wir schnell 75 Meilen [120 km] nach Denver fahren sollten. Oder, wenn es sehr ernsthaft aussähe, könnte er einen Notruf tätigen, und dann würde der Rettungssanitäter sofort kommen. Er erzählte ihr weiter vom Jüdischen Krankenhaus in Denver und seiner weltklassigen Lungenklinik and hervorragendem Ruf. Sie bezahlte die Rechnung und innerhalb von einigen Minuten waren wir nach Denver unterwegs. Der Angestellte hatte uns eine Landkarte von Denver gegeben und den schnellsten Weg zum Cherry Creek Bezirk, der nicht weit von dem Krankenhaus entfernt ist, markiert. Es ergab sich, daß es eine einfache, gerade Fahrt war.

Ein Rettungsassistent rollte mich in die Unfallstation schneller als ich es je erfahren hatte. Ich wurde immer schwächer, konnte mich aber noch ausreichend ausdrücken. Bevor der Arzt kam um mich zu untersuchen, hakten zwei Krankenschwestern mich an dem „Tropf-Ding" an, gaben mir eine Injektion einer gewissen Art, und eine Atembehandlung. Ich sollte auch nicht vergessen, daß sie mir etwas Blut abnahmen. Der Unfallstationsarzt untersuchte mich und sagte mir, ein bißchen zu schlafen da sie auf die Testresultate warten mußten. In der Zwischenzeit erschien das Röntgen-Personal und nahm Aufnahmen.

Meine Frau schien vergewissert zu sein; und das half mir auch während ich versuchte zu dösen. Nach einer Weile erschien der Arzt wieder um mich wissen zu lassen, daß man dachte, ich hätte mir eine bösartige Dosis von Legionärskrankheit zugezogen, so etwas wie „Zytomegalievirus", oder die Sommergrippe. Er fügte hinzu daß die Sache nicht besser für mich werden würde, da was immer ich hatte noch im anfänglichen Angriffszustand war. Er empfahl, daß sobald sie mich soweit wie möglich stabilisiert hatten, wir uns unverzüglich auf den Weg nach Hause machen sollten. Sie würden einen Arzt auf dem halben Weg empfehlen, falls mein Zustand sich verschlimmern sollte. Aber, „wenn möglich, fahren Sie direkt zu Ihrer Stadt in Texas, denn dort wäre einer der besten Ärzte für eine solche Sache." Sie würden meine medizinischen Daten zu ihm faxen. Aber ich sollte direkt zu der dortigen Unfallstation gehen. Er beendete dies indem er sagte, daß was ich hatte sehr ernsthaft war. Wenn seine Schätzung korrekt war, hätte ich dasselbe als das was Mitglieder der American Legion [Amerikanische Legion] sich in einem Hotel in Philadelphia zugezogen hatten. Einige waren wegen der verseuchten Klimaanlage gestorben. Wir verbrachten die Nacht im Unfallstationszimmer. Ich fühlte mich etwas besser aber äußerst schwach am nächsten Morgen; wir aßen was wir konnten zum Frühstück und verließen dann das großartige Krankenhaus und machten uns auf den Weg nach unserem Heim in Texas.

Es war keine einfache Fahrt während ich ausgestreckt auf dem Rücksitz des Autos lag und bei verschiedenen Raststellen die Toilette besuchte. Als wir bei der Unfallstation in unserer Heimatstadt ankamen, war das Personal schon von dem Denver Arzt vorbereitet worden. Ich wurde an der Unfallstation vorbei in einen Fahrstuhl und dann in ein Zimmer im normalen Behandlungsflügel des Krankenhauses gerollt. Wir hatten viel über unseren berühmten Arzt in unserer Heimatstadt gehört, aber dies war das erste Mal das wir ihn tatsächlich kennenlernten. Nur ein Blick auf ihn und wir wußten, daß er voll von großem Wissen und Einsicht war. Er sagte uns, daß er sein Bestes tun würde; aber daß es keine leichte Sache zu behandeln sei. Ich versprach ihm, daß ich auch mein Bestes tun würde. Meine Frau fügte hinzu ihr Bestes wäre zu beten, beten, und mehr beten! Sie nahm ihren Rosenkranz heraus. Wir lächelten. Kurz bevor er weg ging, sagte der Arzt zu uns: *Sie haben es gehört, wo ein Wille ist da ist ein Weg; aber es wäre besser zu sagen, nie die Hoffnung aufgeben! Noch einmal, laßt uns alle unser Bestes tun!"*

Es würden dann mehrere Jahre von Behandlungen im Krankenhaus, von häuslicher Krankenpflege, und Lungentherapien folgen ; dann fing alles wieder von vorne an. Der Priester machte reguläre Besuche im Krankenhaus und in unserem Heim. Er stimmte auch zu, daß wir nicht aufhören sollten, zu Gott für mehr Glauben, HOFFNUNG, und Liebe zu beten. Da ist das Wort wieder! Hoffnung. Ich hatte nie zuvor „der Hoffnung" so viel Aufmerksamkeit geschenkt. Jetzt war s aber ein seltsames, geheimnisvolles Wort für mich geworden. Schließlich sagte mir der Priester, daß ich das „Geschenk" der Hoffnung hätte denn er hatte gemerkt, daß ich nie ein Zeichen von Furcht oder Verzweiflung gezeigt hatte, obwohl die Ärzte darauf hingedeutet hatten, daß es ganz gut möglich wäre, daß ich es nicht überleben würde. Eine ernsthafte

Lungenentzündung würde mir immer nachstellen; das sind die Rätsel der virulenten Superinfektionen von heute.

Ich habe niemals wirklich völlig das, was der Arzt immer „Verschlimmerungen" nennt, überwunden. Aber ich habe einige großartige Momente und einige Tage von Zeit zu Zeit wenn ich mich gut genug fühle. Einer der Diakone in unserer Gemeinde brachte mir dieses Gebet nachdem ich ihm von meiner Fixierung mit dem Wort „Hoffnung" erzählt hatte. Das Gebet hat mich aufrecht erhalten; hoffentlich bis zu dem unvermeidbaren Tag wenn ich an der Reihe bin, das ewige Leben zu betreten.

Im Namen des Vaters, des Sohnes Jesu, und des Heiligen Geistes: Mein Gott, ich hoffe in Dir auf Gnade und Erlösung, wegen Deiner Versprechen, Deiner Güte, Deiner Barmherzigkeit und Deiner Macht. Amen.

18 Eine gute Tat ist tatsächlich gut!

Laß mich etwas bezeugen, das mir zuerst passierte als ich von der Universität abging und meinen ersten Job in Houston fand. Ich rief einen guten Freund Gene an, der ein höchst dynamischer Mensch war und der sein Studium ein Jahr oder so vor mir abgeschlossen hatte. Er hatte eine ausgezeichnete, leitende Position in einem der hohen Wolkenkratzer in der Innenstadt von Houston erobert. Wir trafen uns zum

Mittagessen und ergingen uns gern in Erinnerungen. Dann fragte er mich nach der Arbeit, für die ich angestellt worden war. Ich sagte ihm, daß es eine große Gelegenheit als Vertreter für eine Sportsbekleidungsfirma für den ganzen Staat war. Ein anderer Freund hatte den Job gehabt und war erfolgreich gewesen. Aber seine Frau mochte es nicht, daß er manchmal eine ganze Woche oder so vom Haus weg sein mußte. Er mußte dann etwas anderes finden. Seine Firma fragte ihn, ob er jemand anderen kannte, den er empfehlen konnte. Er empfahl mich für die Stellung; und nach den Vorstellungsgesprächen boten sie mir die Stellung an.

Aber dann fuhr ich fort und erklärte, daß ich immer noch den kleinen gebrauchten Simca-Wagen fuhr, den ich während der letzten zwei Jahre an der Universität hatte. Ich hatte Angst, daß der Pkw es nicht aushalten könnte so viel unterwegs zu sein. *„Das ist kein Problem,"* antwortete mein Freund Gene, *„ich gebe Dir einfach die Schlüssel für dieses Auto. Unser Fuhrpark is größer als ein Fußballplatz. Eine meiner Aufgaben ist die Übersicht des Fuhrparks. Wenn du anfängst, genug Provisionen zu verdienen um selbst einen Pkw zu kaufen oder zu pachten, laß es mich einfach wissen und wir holen das Auto ab."* *„Wirklich?"* antwortete ich total überwältigt. Ich setzte ihn an seinem Bürogebäude ab... und fuhr mit seinem Pkw weiter. Unglaublich. Ein Cousin von mir wohnte in Houston. Ich rief ihn an und fragte ihn ob er an meinem alten Simca interessiert wäre... umsonst. Er ergriff die Gelegenheit sofort beim Schopf. (Schließlich verdient eine gute Tat eine andere!)

Es war ein gutes und anderes Gefühl einmal im Leben nicht derjenige zu sein, der das Angebot annimmt und anstatt der Spender zu sein. Einige Monate später fand ich in Austin ein gebrauchtes Oldsmobile-Auto, das ich für $125 im Monat mieten konnte. Ich rief meinen Freund Gene in Houston an und sagte ihm, daß ich in der Lage war, den Pkw zurückzugeben. Erfreut sagte er, daß er und ein Freund am nächsten Tag mittags in Austin sein würden. Ich lud sie zum Mittagessen ein und versuchte, Gene etwas „Dankeschön"-Geld zu geben; aber er schlug das einfach aus als sie sich zurück nach Houston auf den Weg machten.

Traurigerweise starb Gene ungefähr ein Jahr später an Krebs. Ich glaube, er war einfach zu gut, um noch länger auf den Himmel zu warten. Ich dachte immer, daß wenn er es nicht in den Himmel schaffen würde, ich selbst dann höchstwahrscheinlich keine Chance hatte! Aber solange ich noch hier auf Erden bin, habe ich mehr Zeit mein Konto guter Taten zu erhöhen.

... **Man sagt von St. Franziskus von Assisi, daß wenn er seine Ordensbrüder hinaussandte um gute Taten unter den Menschen zu tun, er sie segnete und dann die Mahnung hinzufügte:** *Denkt immer daran, die beste Predigt ist oft die, die ohne Worte ist!*

\#

19 Wer dem Wind und den Wellen befehlt, und sie gehorchen Ihm... (Lukas 8:25)

Während ich vor vielen Jahren in Mittelamerika arbeitete, verliebte ich mich und heiratete eine schöne junge Dame aus Coban, Alta Verapaz, Guatemala, ganz nahe der Grenze mit Mexiko. Für mich als Deutschamerikaner ist Coban ein faszinierender Ort. Vor mehr als hundert Jahren gründeten Deutsche (aus Deutschland) Kaffeeplantagen in der Gegend. Die Familie Dusseldorf betreibt dort immer noch eine große Kaffeeplantage und noch viele andere Unternehmen, die den dortigen Menschen sehr notwendige Arbeit bringen.

Wir freuen uns, wenn wir die Verwandten meiner Frau dort besuchen und uns in der schönen kleinen Stadt ausruhen und die Naturwunder der Gegend wie den Semujc Champay Park genießen. Aber es ist dort ein Platz, der besondere Wunder darstellt, wohin wir zu pilgern versuchen. Das ist die Basilika unseres Herrn Esquipulas, welche vor kurzem als das wichtigste Gebäude in ganz Mittelamerika bezeichnet wurde. Meiner Frau wurden in der überwältigenden, riesigen, weißen Kathedrale während der Jahre viele Gebete beantwortet. Sie sagt, daß der Herr ihre Gebete schneller dort antwortet! Wir sind so dankbar für Gebete, die beantwortet werden. Dafür geben wir dem Herrn alle Ehre und Herrlichkeit. Aber wovon wir auch erzählen und wofür wir dem Herrn noch mehr Ruhm geben wollen ist wie er die ehrwürdige 400-Jahre-alte Kirche vor Tornados, Orkanen, Fluten und noch viel mehr geschützt hat.

Vor einiger Zeit wurden wir alle ganz beängstigt wenn ein Orkanalarm in allen Medien und von Haus zu Haus gegeben wurde. Der Sturm hieß „Mitch" und sollte die Basilika von Esquipulas und die Stadt direkt treffen. Wir beteten, daß die Kirche verschont werden möge. Als sich der Sturm näherte, waren alle Menschen erstaunt, daß er anhielt bevor er die Kirche erreichte, gerade wieder hoch und dann total über die Kirche und die Stadt hinwegging. Aber er verursachte großen Schaden wenn er weiter ins Land hinein nach Guatemala raste. Bestimmt hatte Gott Selbst wieder diese heilige Kirche verschont, wo wir und Tausende andere gesegnet worden sind. Gott behütet uns. Wir danken für diese Gelegenheit, diese Zeugenaussagen beizutragen.

... dem sogar der Wind und das Meer gehorchen... St. Markus 4:41

20 Philliper 1:1, 2:2... *Wenn unser Leben in Christus Euch etwas bedeutet, vereinigt Euch mit Eurer Liebe zu einem gemeinsamen Zweck und einem gemeinsamen Geist...*

Als lutherischer Pastor und Christologie- und Kirchengeschichtsstudent habe ich immer Martin Luthers Wunsch, die Kirche während des 16. Jahrhundert zu reformieren, geschätzt. Wie traurig, daß die Reformation Brüche in Europa und dann in England verursachte. Wir haben alle große Fortschritte gemacht indem wir für den Tag der Wiedervereinigung der christlichen Kirche arbeiten. Vatikan II hat uns allen ein großes Gefühl der Hoffnung und Freude gebracht, besonders durch den Gebrauch der Sprache der Menschen anstatt daß wir uns an das Latein klammern. Auf die gleiche Weise schlug St. Franziskus von Assisi auch große Wellen als er die katholische Kirche konfrontierte, wenn er um Reform flehte und auf die dringenden Nöte der Benachteiligten aufmerksam machte. Seine Konfrontation mit dem Papst, wenn er um Reformen und eine begreifliche Liturgie flehte, war kein Anlaß zu seiner Exkommunikation so wie es Luther geschah; oder zu einem solchen bitteren Widerstand von den Mächtigen. Trotzdem muß man sich immer für etwas aussprechen, das unter dem Licht von Christus als gerecht erachtet wird. Mit Gottes Barmherzigkeit pflasterten Luther und Franziskus beide aus ihren verschiedenen Perspektiven den Weg für uns, sodaß wir uns heute an viel Übereinstimmung, Respekt und Bruderschaft miteinander erfreuen können.

Wenn wir alle das was wir können tun würden, könnte Einheit erreicht werden. Eine Sache, über die ich oft nachgedacht habe, ist daß wir Lutheraner unsererseits Maria, der Mutter unseres Herrn, mehr Aufmerksamkeit schenken könnten, vielleicht mit einer Hymne zu ihren Ehren. Das ist es! Ich würde eine solche Hymne während des Sonntagsgottesdiensts einführen. Ich war überzeugt, daß sie gut empfangen werden würde, naja, von den meisten in der Gemeinde. Ich telefonierte den katholischen Diakon in unserer Stadt und bat ihn, mir ein oder zwei solche Hymnen auszusuchen, von denen ich wählen könnte. Er tat das gern. Nachdem ich sie aber angesehen hatte, mußte ich ihn zurückrufen und ihm sagen, daß ich mich gezwungen fühlte die Idee aufzugeben. Beide Hymnen enthielten die Bitte an Marie „für uns zu beten." ... „Kein Vermittler außer Jesus" erklärte ich dem Diakon. Er antwortete, daß oft jemand in seiner Gemeinde oder ein Kranker ihn gebeten hatte für ihn oder sie zu beten. „Gewiß sagte ich der Person nicht, direkt zu Gott zu gehen... und mich auszulassen," sagte der Diakon.

Schließlich entschied ich, daß es noch zu riskant war, eine Hymne über oder „an" Maria zu benutzen. Stattdessen zog ich es vor, den Gottesdienst zu beginnen indem ich der Gemeinde erzählte, daß ich nie die Idee mochte, daß die katholische Kirche das Alleinrecht hatte, das Zeichen des Kreuzes zu machen, welches allen Christen von frühesten Zeiten bis zur Gegenwart gehörte. Warum nicht zeigen, daß wir Christus und das Kreuz so sehr wie sie lieben. Während des Gottesdienstes bat ich die Anwesenden sich mir anzuschließen Christus zu ehren, und unsere Einigkeit zu zeigen indem sie das Zeichen des Kreuzes mit mir machten: „Im Namen des Vaters, des Sohnes, und des Heiligen Geistes. Amen." Niemand beklagte sich. Nur eine Dame sagte mir nach dem Gottesdienst, daß sie dachte ich hätte es rückwärts getan! Ich bin linkshändig!

Vielleicht könnte dieser Augenblick nicht als ein Epiphanie-Ereignis oder ein Ausdruck der christlichen Einheit bezeichnet werden. Aber ich ahne, daß die wirkliche Einheit als eine große Epiphanie oder Ausdruck des Triumphes der Heiligen Dreieinigkeit erscheinen wird; als eine Nebeneinanderstellung des Turmbaus von Babel. Wir haben alle unser Turm-von-Babel-Bauen lange genug getan! Die wundervolle Geschichte in der Bibel enthüllt die Einheit der Heiligen Dreieinigkeit, das Drei-in-Eins. Diese Geschichte sollte alle Zerteilungen des Christentums anregen, leidenschaftlich für eine wirkliche Wiedervereinigung und Kommunion zu beten. Vielleicht ist der gute Glaube, den ich wohl suche, der Tag wenn die katholische Kirche ihm, Martin Luther, die Ehre geben möge, die ihm, ihrem Augustinermönch, zusteht – wenn nicht die Heiligsprechung! Was für eine Epiphanie das wäre! (all dies ist in Glaube, Hoffnung, Liebe und Frieden gesagt!)

(Anmerkung des Redakteurs: *Welch freudenvoller Ausdruck einer Epiphanie es wäre, wenn mehr Einheit zwischen den christlichen Glaubensgemeinschaften zustande kommen würde. Wir schätzen die Sehnsucht des lutherischen Pastors; und wir beten mit ihm für Einheit. In der Einleitung in dieses Kompendium haben wir Liturgien für den persönlichen Gebrauch erwähnt, die von der katholischen Kirche erlaubt sind, wenn ein protestantischer Pastor und einige Mitglieder seiner Gemeinde zusammen in der katholischen Kirche empfangen werden wollen. In einigen Fällen wird der Pastor ein Priester und ist sogar verheiratet. Du kannst hierüber lesen, indem du auf dem Internet nachsuchst unter „Our Lady of the Atonement Church, San Antonio, Texas", die in die katholische Kirche in der Erzdiözese von San Antonio aufgenommen wurde ohne ihre anglikanischen Traditionen zu verlieren.)*

21 Eine Voraussage und Prophezeiung...die Handschrift an der Wand...

Das Datum meiner E-Mail an dich ist der 9. August, 2010. Sie betrifft einen Traum wie ein bunter Farbfilm, den ich hatte. Wenn der Traum sich verwirklicht, wäre diese E-Mail ein Beweis dafür, daß ich einem Freund, der ein Autogeschäft hatte, eine Warnung oder Hilfe gegeben habe. Dieses erforderte der Traum von mir während einer Zeit, die für meinen Freund von großem Streß war.

Ein großes Schild *(die Handschrift an der Wand!)* war an seinem Autogeschäft angebracht: „*Hybride Tankstelle. Park & Fahr unser Leihauto während du dich um deine Geschäfte kümmerst!*" Mehrere Automobilhändler in unserer Stadt hatten ihre Vertretungen verloren wegen der 2010 Rezession und der Verringerung der Nummer von Vertretungen. Mein Freund war der erste Autohändler in der Gegend, der elektrische- und Benzintank-Anschlüsse installiert hatte. An seinem Geschäft hing nicht mehr die Automobilmarke aber er führte jetzt alle möglichen Marken: neue Modelle und Gebrauchtwagen. Sein Dienst- und Autoreparaturbereich war nun doppelt so groß.

Auf seinem großen Hintergrundstück waren Reihen von Anschlüssen oder Stellen zum Benzintanken und für elektrische Anschlüsse, für Batterien-Ladung und andere Mittel, um die vielen Marken von hybriden Autos und Lieferwagen zu „tanken". Es erinnerte mich an die Reihen und Reihen von Anschlüssen in unseren Reisemobil-Parks. Als ich meinen Hybriden-Wagen bei einem Dienst-Kiosk anfuhr, gab man mir eine Karte die Zeit und Datum anzeigte. Es würde zwei Stunden dauern, um meinen Pkw vollzuladen.

Nachdem ich den Schlüssel für meinen Leihwagen erhalten hatte, fuhr der Tankwart meinen Pkw zu der Anschlußstelle, wo mein Auto in eine elektrische Steckdose angeschlossen wurde. Dann setzte er mich bei meinem wartenden Leihwagen ab. Ganz glücklich fuhr ich zur Bank und weiter, um einige Sachen beim nahen Wochenmarkt und in der Apotheke abzuholen. Nach ungefähr drei Stunden kehrte ich zur Autohandlung zurück, gab ihnen meine Karte und bezahlte die Rechnung. Mein Pkw wartete in der Vorderreihe… völlig geladen und zum Rollen bereit! Eine Woche nach dem Traum glaubte ich, daß ich meinem Autohändlerfreund von dem Traum erzählen sollte. Ich empfand es war meine Pflicht, dies zu tun. Ich sagte, daß wenn er den Traum realisierte und das Unternehmen doch ein Reinfall war, dann wäre der Traum vom Teufel und daß er dann das Recht habe, mich mit Steinen umzubringen! Wenn es aber ein Erfolg war, würden wir beide den Herrn mit einem großen Getöse loben! Wird dies so kommen?

22 Wen der Herr liebt, den züchtigt Er...
Hebräer 12:6

Eine Freundin hat mir deine Internetadresse gegeben und empfohlen, daß ich die Erinnerungen von Menschen über besondere Momente in ihrem Leben lese. Ich hatte ihr von dem besonderen Ereignis, das mir gerade geschehen war, erzählt. Aber da ich nicht irgendeiner christlichen Glaubensgemeinschaft angehörte, schrieb ich dem Ereignis nicht mehr Wichtigkeit zu als wäre es ein Aufwachruf oder Lernvorgang. Nach meinem Denken war es ein Merkur-im-Rückschritt-Ereignis. Hier kommt es jetzt:

Ich ziehe es vor, meinen Namen nicht anzugeben, da ich ziemlich fortgeschrittenen Alters bin. Wenn meine erwachsenen „Kinder" dies lesen würden, würden sie höchstwahrscheinlich darauf bestehen, daß ich nicht mehr Auto fahre. Das würde mich niederschmettern! Aber laß mich mit der Geschichte fortfahren. Ich bin ganz allein die 400 Meilen [650 km] gefahren, um meine Enkelkinder auf eine Woche zu besuchen, da ihre Eltern nicht in der Lage sind, viel Zeit freizubekommen um mich zu besuchen. Es war eine ganz wundervolle Zeit, obwohl auch ziemlich erschöpfend. Jeden Tag gab es eine andere Erfahrung. Es erfüllte mich mit viel Liebe und vielem Erzählen und ich glaube, das Gefühl war gegenseitig. Eine meiner Töchter war vor kurzem gestorben und ich empfand, daß ich die Nähe meiner Familie brauchte um mir zu helfen über den weiteren Vorgang, d.h. über den plötzlichen, tragischen Verlust hinwegzukommen.

Als ich über die verkehrsreiche und langweilige Bundesstraße nach Hause zurückfuhr und ungefähr halbwegs an meinem Heim angelangt war, wurde ich sehr hungrig und fühlte, daß mein Blutzucker zu niedrig wurde. Ich fuhr an der nächsten Ausfahrt hinaus als ich nicht zu weit entfernt eine Reihe von Geschäften und ein Restaurant sah. Nachdem ich die Seitenstraße runtergefahren war und an einer Kreuzung angelangt war, dachte ich, daß ich links abbiegen müßte um zum Restaurant zu gelangen.

Ich bog links ab, und siehe da, ich entdeckte daß ich in der falschen Richtung einer Einbahnstraße fuhr und im Begriff war, vorn mit einem Streifenwagen der aus der Gegenrichtung kam, zusammenzustoßen! Glücklicherweise konnte ich auf die Bremse treten. Ich bin sicher, der Polizist war genauso benommen wie ich über den nahen Frontalzusammenstoß. Er wies mich an, auf dem Seitenstreifen zu parken und fragte nach meinem Führerschein. Ich sagte ihm ich hatte keine Idee, daß ich in eine Einbahnstraße hineingefahren war. Er antwortete, es wäre ein Wunder, daß niemand verletzt wurde. Er patrouillierte die Straße weil sie für Geschwindigkeits-Überschreitungen bekannt war!

Er merkte, daß ich zitterte. Er schüttelte den Kopf, aber sagte mir daß, weil ich nicht aus der Nachbarschaft und nur auf der Durchfahrt wäre, er mich ohne Strafzettel weggehen ließe. Ich dankte ihm und sagte ihm zum Abschied, daß ich nur einen einzigen Strafzettel für Schnellfahren im Leben erhalten hatte... vor fünfzig Jahren. Der Polizist sagte mit ernster Stimme: „Seien Sie vorsichtiger! Stoppen Sie und sehen Sie in beide Richtungen!" als er zu seinem Streifenwagen zurückging. Ich mußte über vieles nachdenken als ich eine Weile ruhig im Restaurant saß. Und dann heimfuhr... ganz vorsichtig!

Sprüche 3:11-12, *Verwirf die Zucht des Herrn nicht und sei nicht ungeduldig wenn Er dich zurückweist; denn Gottes Disziplin ist ein Zeichen der Liebe Gottes, so wie ein Vater seinen Sohn korrigiert.*

23   Nicht alles das glimmert is Gold!

Ich heiße Margie. Ich möchte von einer „Offenbarung" erzählen, die mir seit ich zwölf Jahre alt war sehr geholfen hat. Als ich eines Tages von der Schule nach Hause kam, hatte meine Mutter einige ihrer Freundinnen zu ihrer monatlichen, manchmal auch wöchentlichen Teegesellschaft zu Gast. Mir gefiel dies immer, denn meistens würde sie Apfelkrem-Schichttorte, meinen Lieblingskuchen, anbieten. Ich würde dann direkt in die Küche gehen in der Hoffnung, daß etwas vom Kuchen übriggeblieben war. Meistens war es so. Welche Freude!

Als ich den ersten Biß aß, hörte ich eine der Damen sagen: „Ich denke ihr habt alle gehört, **** ist mit **** verlobt. Ich kann es nur nicht verstehen wie sie jemanden heiraten kann, der so häßlich ist!" Dann sagte eine andere Dame, „Naja, sieh dir **** an, sie hat **** geheiratet, der ist bei weitem der häßlichste Mann den ich je gesehen habe. Aber wir wissen alle, was für ein wunderbares Paar sie sind; gut aussehende Kinder, und höchstwahrscheinlich die glücklichste Familie in der Stadt!" Eine andere Dame sagte; „Das Aussehen ist nicht alles; Aufmerksamkeit, voller Freude, gutherzig und nicht ein-gebildet sein sind weit bessere Qualitäten in der Wahl eines Ehepartners als das gute Aussehen!" Und dann lachten die Damen wenn eine sagte, „Das Aussehen kann niemals schlechten Sex gutmachen!" Ich war beinah ein Teenager und hätte niemals gedacht, daß ich jemanden der „weniger" als schön war heiraten würde. Aber wie von einem Blitz getroffen war ich jetzt erstaunt von dem, das ich zufällig mitbekommen hatte. Was mich betrifft, würde ich versuchen, einen Ehemann zu finden der gut aussieht und zugleich gute Qualitäten hat.

Jahr um Jahr würde ich mich an das erinnern das ich bei der Teegesellschaft gehört hatte, wenn ich einen Freund taxieren würde. Dann heiratete ich einen jungen Mann, der angenehm von innen und außen war. Und recht attraktiv! Aber soweit es mich angeht? Ich sah nicht gerade wie ein Hollywood-Star aus; so würde ich versuchen, mich auf die „inneren Qualitäten" zu konzentrieren wenn ich vorhatte, den meinen zu behalten! Ich denke, was ihn wirklich alle diese Jahre bei mir hielt war, daß ich das Rezept meiner Mutter für Apfelkrem-Schichttorte oft benutzte!

24 Die erstaunliche Gnade der Willenskraft!

Mein Mann, Brenden Kelly, hatte ein Herzproblem, und nahte seinem 75ten Geburtstag. Er ließ mich wissen, daß da noch eine Sache war, die er auf Erden machen wollte bevor der Herr ihn heimrufen würde. „Laßt uns nach Irland fahren! Ich möchte herausfinden ob der Irish Stew [Eintopf] halb so gut ist wie der meiner Großmutter!"

Am nächsten Tag las ich einen Bericht, daß ein Wanderklub in einer benachbarten Stadt auf eine Tour nach Deutschland, der Schweiz, England und Irland gehen würde. Wir wanderten gern obwohl Brendens Arzt ihn gegen zu große körperliche Anstrengungen gewarnt hatte, weil sein Herzleiden anfing, ein wenig Sorgen zu machen. Ich rief die Reisegruppe an und registrierte uns beide sogar bevor ich meinem Mann davon erzählte. Man sagte mir, daß das Vorhandensein der Plätze schnell verschwinden würde. Ich erzählte ihm von der Tour; und als er herausfand, daß der Reiseplan eine Woche in Irland einbeschloss, war er sehr glücklich.

Sein Arzt war aber nicht so glücklich wenn er die Nachricht bekam und empfahl, daß wir nicht auf die Tour gingen. „Wenn ich sterben muß, dann müßte es irgendwo sein... und welch besserer Platz als auf der Smaragd-Insel, im Lande Gottes! Und noch besser, nachdem ich etwas authentischen Irish-Stew gehabt habe. Laßt es uns machen!" er bestand darauf. Wie sehr er sich veränderte während der wenigen Wochen wenn wir uns auf den Trip vorbereiteten. Wir versuchten, „richtig" zu essen.

Wir gingen täglich kurz spazieren, um zu sehen welche Effekte das Gehen auf ihn hatte; und auf mich auch. Alles schien richtig zusammen zu kommen. Es war ein großartiger Tag als wir in Frankfurt landeten. Wir wanderten dann viel und nahmen an vier oder fünf Wanderfesten oder IVV Wanderungen in verschiedenen Teilen Deutschlands und auch in der Schweiz teil. Wir registrierten uns absichtlich für kürzere Wanderungen und versuchten, etwas vorsichtig zu sein. In Deutschland gab es häufige Stopps mit am-Ort-gebrautem Bier, frisch gemachter Bratwurst, und vielen freundlichen Menschen zum Unterhalten. Die meisten konnten ein überraschend gutes Englisch sprechen. Wir schämten uns etwas, daß wir nicht das gleiche auf Deutsch tun konnten! Aber mit unseren irischen Namen erwarteten sie das nicht von uns. Für jede Wanderung, die wir vollendeten, erhielten wir eine Andenkens-Medaille oder Gedenktafel, welche den Ort unserer Wanderung und das Datum zeigte.

Wir waren so dankbar, daß es keine Probleme wie ansteigenden Blutdruck oder Müdigkeit während irgendeiner Wanderung gab. Aber ich wußte, daß Brenden entschlossen war, es nach Irland zum Irish-Stew zu schaffen! „Ich will tüchtigen Hunger haben wenn ich da ankomme," sagte er mir mehrere Male. Ich bestand darauf, daß wir so oft wie möglich Rast machten.

Nun wurde es Zeit, England und Irland zu besuchen. Wir gingen an Bord eines Schiffes für die Übernacht-Seereise nach Irland, und kamen nach dem Frühstück an Bord im Dubliner Hafen an. Die Reiseführerin hatte bereits unser Hotel frühzeitig angerufen und ihnen unsere ungefähre Ankunftszeit gesagt. Sie hatte auch den Hotelangestellten gewarnt, daß die meisten den traditionellen Irish-Stew zum Mittagessen haben wollten. Der Angestellte sagte, daß die meisten Amerikaner das immer haben wollten, und sie würden es immer auf der Speisekarte finden.

Als wir uns dem Ufer von Dublin näherten, kam die ganze Gruppe zu Brenden und mir, Wir winkten allen, die am Dock standen, zu als wir langsam ankamen. Einer nach dem anderen stiegen wir dann in den Reisebus, der auf uns wartete. Wir fuhren direkt zu unserem Hotel wo wir zwei Nächte bleiben würden. Es würde am nächsten Tag ein Wanderfest auf der anderen Seite von Dublin geben. Aber erst würden wir den Stew zum Mittagessen essen.

Der Hotel-Portier begrüßte unsere Gruppe einen nach dem anderen als sie aus dem Reisebus stiegen. Aber dann kam eine seltsame Stille über die Gruppe. Ich merkte, daß Brenden schwer atmete und nach seinem Herzen griff, Der Hotelportier wurde benachrichtigt und er sagte dem Busfahrer es gab einen Arzt im nächsten Block und daß der Bus sofort mit Brenden dorthin fahren sollte. Sie würden den Arzt benachrichtigen, daß wir auf dem Weg sind.

Der Arzt begrüßte uns und untersuchte Brenden sofort. Innerhalb von fünf Minuten wurde ein Krankenwagen bestellt um uns zu einem Krankenhaus in der Nähe zu bringen. Am nächsten Morgen verstarb er.

Die Reisegruppe war tief schockiert. Sie beschlossen, daß wenn Brenden keinen Irish- Stew haben konnte, sie ihn auch nicht haben würden. Ein Mitglied der Reisegruppe sagte: „Ich bin sicher, daß Gott den besten irischen Koch im Himmel hat, vielleicht sogar Brendens Großmutter, der ihn mit einer köstlichen Schale von himmlischem Irish-Stew willkommen heißt!" Brenden war so darauf bedacht gewesen, nach Irland zu kommen. Er hatte eine solche große Willenskraft. Gott gab ihm die Gnade und die Willenskraft auf die Tour zu gehen. Ich dachte zu mir selbst und hab es unserer Reisegruppe aber nie gesagt, daß Gott vielleicht nicht wollte, daß Brenden dies sagen konnte: „Naja, das Irish-Stew in Irland war okay aber kaum beinah so gut wie der von meiner Großmutter!" Da ich dies jetzt gesagt habe, laß mich sagen daß Gott sehr barmherzig ist. Wir hatten solange mit Brendens schlimmen Herzleiden zu tun gehabt. Jetzt ist er im Frieden und hat keine Furcht mehr.

25 Wenn Haß sich in Liebe verwandelt

Es ist erstaunlich wen man während der Ferien trifft. Ich wollte einem besonders kalten Winter entfliehen und nahm mir vor, nach Puerto Rico und der kleinen unberührten Insel Vieques zu fliegen. Ich war dort schon einmal gewesen und fand das Wetter und auch das traditionelle Essen und die glücklichen Kirchen wunderbar. Anstatt in den Ozean hinein zu waten oder Sonnenbrand zu leiden, mochte ich gern in die Cafés und Eisdielen in San Juans Condado-Bezirk gehen. Ich gab immer beträchtliche Trinkgelder weil ich dort viel Zeit in ein Buch vertieft verbrachte.

Es war früh am Abend mitten in der Woche und ich genoss einen Spaziergang, als ich recht lebhafte Musik und Gesang, der aus einer Franziskaner Gemeindekirche im Condado kam, hörte. Ich war neugierig und entschloss mich, in die Kirche hineinzugehen, wo ich eine charismatische Gebetsversammlung vorfand. Die Kirche war voll und ich drängte mich durch ohne daß ich jemandem auffiel. Es störte mich nicht, daß ich kein Spanisch verstehen konnte. Musik war meine Sprache und ich konnte es fühlen wenn eine Hymne Gott lobte; oder auch die positiven Gefühle eines Gebetes an Gott.

Die Gemeinde muß schon eine ziemliche Zeit eine Gebetsgruppe gewesen sein, denn sie fingen an mit Bibellesen, für einander beten, mit schweigender Hingabe, Singen und in-Zungen-Beten. Ich war überrascht, daß sie so viel Zeit damit verbrachten in Zungen zu beten und diese zu übersetzen. Sobald die Versammlung beendet war, war ich total erfrischt, schüttelte noch ein paar Hände, und verabschiedete mich um in mein Hotel zurückzukehren. Aber als ich fortging begrüßte mich ein junger Mann, der auch in der Kirche gewesen war und fragte ob ich Englisch sprechen könnte.

Er war aus New Jersey und fragte mich: „Was in der Welt geht da drinnen nur vor; ich sah den Priester; aber war es katholisch?" Ich antwortete: „ja es war katholisch, direkt aus der Bibel. Und nein, es war nicht von dieser Welt, es war **außerhalb** dieser Welt! Nachdem die Apostel die Gaben oder die Macht des Heiligen Geistes im Oberen Raum erhalten hatten, dachten die Menschen, daß die Apostel zu viel getrunken hatten. Es gibt ist ein Kaffeehaus gleich um die Ecke. Wir können dorthin gehen und darüber reden, wenn du willst."

Zwei Stunden später beendeten wir unsere Unterhaltung. Ich fragte ihn, wann das letzte Mal war daß er solange über die Kirche gesprochen hatte, über den Heiligen Geist, in-Zungen-reden, und betendes Händeauflegen, und warum die Musik und das Beten so wunderschön waren und warum er nicht schon vorher einmal bei einer solchen Versammlung gewesen war. Er gab zu, daß er nicht sehr oft zur Kirche ging. Ich erklärte #r, dich heute Abend in die Geistlichkeit des Heiligen Geistes in dieser besonderen Gemeinde in Puerto Rico einzuweihen. Er wollte deine Aufmerksamkeit fangen! Du solltest dich gesegnet fühlen, daß Gott Dir den Anfang des Prozesses der

Taufe mit dem Heiligen Geist in San Juan aufgewiesen hat." Der junge Mann bestand darauf, daß er wirklich von dem „Reden in Zungen" Kram abgestoßen wurde und niemals so etwas tun könnte.

Ich antwortete: „Ich stimme zu, du könntest oder wolltest das vielleicht nicht. Aber wenn der Heilige Geist entscheidet, in dich hineinzukommen und dich mit Seinem Segen zu beschenken, würdest du es tun. Der Heilige Geist kommt in einen Menschen aus dem einem Grund, ein Segen für ihn zu sein, und dann gibst du den Segen an jemanden oder an andere Menschen weiter. Manchmal muß Gott es dir zeigen, damit du einen spirituellen Segen empfängst. Wenn Er erstmal das steinerne Herz eines Menschen aufbricht, dann gibt Er ihm Gaben um einen Menschen zu „retten", die dann benutzt werden, anderen zu helfen. Denke darüber nach, worüber wir einige Stunden gesprochen haben und was du heute Abend in der katholischen Gebetsgruppe erfahren hast. Wann hat Gott früher je deine Aufmerksamkeit so wie hier erhalten?"

„Niemals!" antwortete er. Als wir dann zum Abschied die Hände schüttelten, was eine Art Segen oder das Auflegen der Hände ist, fragte ich ihn ob er versuchen würde nach seiner Rückkehr nach New Jersey eine solche Gruppe zu finden. Er dachte einen Augenblick nach und lächelte dann: „Du weißt, gerade das könnte ich tun. Es hat mir irgendwie etwas angetan. Ich denke es ist wie ein Lied das du zum ersten Mal hörst und wirklich nicht magst. Dann ergreift es Dich und das nächste Mal gefällt es dir tatsächlich. Vielleicht hat Gott meine Aufmerksamkeit erhalten. Ich habe Sachen, für die ich Ihn um Hilfe bitten muß!"

26 Noch eine Weiße Taube, von oben gesandt

Bemerkung des Redakteurs: „Gelobt sei Jesus Christus!" begann der E-Mail-Gruß aus Deutschland und darauf die traditionelle Antwort: „Jetzt und in Ewigkeit!" ... und dann enden beide Personen zusammen: „Amen!" Wir fahren fort mit der E-Mail unseres Freundes:

Vielen Dank für die *Journey Into Wisdom* [Reise in die Weisheit] und deine Geschichte Nr. 5, welche die Erinnerung zurückbrachte, die mir und meinen Kollegen hier in Deutschland so bedeutungsvoll geworden ist. Ich hoffe, daß du jemanden finden kannst, der diese Geschichte, die uns geschehen ist, übersetzen wird. Vor einigen Jahren war unsere Firma so glücklich, den Bau eines neuen Wohn- und Ruhestandszentrums für die Schoenstatter Priester in der Nähe des Hauptquartiers ihrer Kolleginnen, der Schoenstatter Schwestern von Vallendar in Deutschland beendet zu haben.

Unsere Firma war so froh gewesen, den Bauvertrag erhalten zu haben. Wir beteten alle um Gottes Hilfe bei einem so großen und sinnvollen Bauprojekt in den sanften Hügeln, welche *Die Wiesen von Zion* genannt werden. Mit typischen Wetterstörungen dauerte es beinah zwei Jahre, den schönen Gebäudekomplex fertigzustellen. Wir atmeten erleichtert auf, wenn alles vollendet war. Wir sagten Dankgebete als der Pfarrer-Direktor uns sagte, daß alles genehmigt war und das Datum für den Widmungssegen und –messe jetzt festgesetzt werden könnte.

Alle unsere Familien waren am Tag der Widmung anwesend. Die Bischöfe, Priester, Ordensgemeinschaften und Laien waren aufgereiht für die Einzugsprozession, die wirklich ein Anblick war, den man sehen mußte. Als sich die Kirchentür öffnete, flog eine Weiße Taube im Sturzflug herunter und landete oben auf der Eingangstür. Es war als ob die Weiße Taube jedermann willkommen hieß. Da ich wußte was eine solche Taube in der Kirche bedeutet, hatte ich ein großes Lächeln! Billigte Gott was wir gebaut hatten? Ich brauchte ein solches Zeichen um meine Nerven zu beruhigen. Was für eine Glaubensbestätigung! Wenn ich eine solche Taube sehe, sogar jetzt noch nach so vielen Jahren, sage ich: „Ich danke Dir, Jesus," und lächel automatisch!

27 Es ist ein Segen, ein Segen zu sein

Als ich ein etwa einjähriges Baby war, hinterließ mich meine Mutter, eine Südkoreanerin, im Eingangsfoyer eines Waisenhauses in Seoul. Nachdem ich einige Monate dort war, hob mich eine Schwester auf und legte mich in die Arme eines Mannes... der nicht mein richtiger Vater war. Er war ein amerikanischer Soldat, der in Südkorea stationiert war. Nicht viel später konnte ich meine neue Mutter, die Frau meines neuen Vaters, in Amerika kennenlernen. In Wirklichkeit mußte ich diese Einzelheiten erst herausfinden als ich in den folgenden Jahren in Texas aufwuchs. Ich war von gemischter Herkunft, und von dem das ich in späteren Jahren über Kinder von gemischtem Blut in Korea herausfand, ist ihre Notlage äußerst schaurig und sie werden oft in grausamer Weise vermieden.

In allen meinen Schulen in Texas, von der Kinderkrippe, Kindergarten und bis durch die Oberschule bemerkte ich oft Kinder gemischten Blutes, aber zum größten Teil wurden sie nicht anders behandelt als ich. Ich wurde immer nett behandelt. Während meiner Mittelstufen-Schuljahre hatte ich herausgefunden, daß ich koreanisch und meine Eltern in Amerika Amerikaner waren. Sie sagten mir, daß meine Geburtsmutter, eine Koreanerin, einen amerikanischen Freund hatte, und bevor sie heirateten konnten, wurde er nach Amerika zurückverlegt. Er kontaktierte sie nie wieder. Meine Geburtsmutter fürchtete wohl, wie man mich behandeln würde und entschied, daß es am besten wäre mich im Waisenhaus zu hinterlassen. Es war nicht ungewöhnlich, daß U.S. Militärangehörige zum Waisenhaus kamen und Adoptionen arrangierten. Der Soldat, der mich adoptierte, war nicht derjenige, der mein Vater mit meiner koreanischen Geburtsmutter war. Dies beendet das, was ich über Korea und Menschen in Korea weiß.

Mein Leben in den U.S. Als ich in meinen frühen zwanziger Jahren war, lernte ich einen jungen Mann kennen, der ein paar Jahre älter als ich war. Er war in meinen Augen „riesengroß", da ich kaum fünf Fuß [1,52 Meter] groß war. Ein wirklich gutaussehender texanischer Cowboy! Nur nach einem Jahr fing ich an gewahr zu werden, daß er in der Idee seines selbsts verfangen war. Von Freunden lernte ich allmählich, daß er von den meisten Leuten als ein „Tyrann" angesehen wurde. Ich mag zwar nicht sehr „groß" sein – im Vergleich zu ihm - aber ich fand heraus, daß ich ein gutes Stück raffinierter bin. Ich würde versuchen, mich aus seiner Tyrannei mit Witzen und klugen kleinen Comebacks heraus zu schlängeln. Er war zwar nicht so hart mit mir wie mit seinen Kollegen und anderen. Jedoch begann ich mich zu wundern als die Zeit verlief. Er wurde immerzu unangenehmer. Ich dachte zu mir: „werde ich den Rest meines Lebens mit ihm verbringen müssen?" Vielleicht würde er sich ändern.

Eines Morgens fuhr ich von unserer Ranch zur Arbeit fort. Die Landstraße war gut gepflastert und markiert, und hatte mit Rehüberquerungs-Schilder. Als ich die Straße entlang fuhr, sah ich zwei Rehe mitten auf der Straße stehen. Ich fuhr langsamer; aber die Rehe blieben unbewegt stehen. Ich dachte, ich könnte sie vermeiden indem ich rechts an ihnen vorbei und etwas auf dem Seitenstreifen fuhr. Als ich auf der rechten Seite und immer noch auf dem Seitenstreifen an ihnen vorbeifuhr, prallte ich ganz urplötzlich auf etwas; vielleicht war es ein Schildpfosten, den ich nicht gesehen hatte. Der Wagen rollte und rollte und rollte in einen Graben. Ich war nicht schlimm verletzt. Ein Auto, das vorbeifuhr, rief die Rettungssanitäter an. Der vertretende Kreis-Schultheiß und ein Abschleppwagen wurden auch benachrichtigt. Der Pkw war ein Totalverlust.

Mein Mann kam ins Krankenhaus. Ich war froh, daß ich am selben Tag nach Hause gehen konnte. Auf dem Heimweg ließ mein Mann mich wiederholte Male wissen, wie schlimm es war das schöne Auto zu verlieren. Er erwähnte mich überhaupt nicht. Wie gewöhnlich ließ ich es einfach an mir vorbeigehen. Kaum eine Woche ging vorbei wenn er nicht davon redete, daß ich den Wagen kaputt gemacht hatte. Endlich hatte ich genug. Bald danach gewährte der Richter unsere Scheidung. Sogar die Luft war jetzt frischer!

Mit Hilfe meiner Eltern meldete ich mich in einer Kosmetologie-Schule an, um Friseuse zu werden. In der Stadt lernte ich den Mann kennen, den ich dann heiratete.. Wir beide schätzen einander. Und das Leben hat sich zum besseren gewandelt. Aber da ist etwas, das ich von meinem Arzt erfahren habe. Ich kann kein Baby bekommen. Mein Mann versichert mir immer, daß es nichts ausmacht, und daß er mich trotzdem genauso liebt. Gut, das ist in Ordnung, aber ich habe mich oft gewundert warum ich verschont wurde und nicht in dem Autounfall starb. Eine Freundin sagte mir, daß etwas Gutes geschehen würde, zu einer Zeit wenn Gott es wollte, und daß ich Zweck und Erfüllung finden würde. Ich konnte nur antworten: „ich hoffe das!"

Ich erfuhr dann von dem *Gabriel Projekt, dem Respekt für Leben-Programm* bei der örtlichen katholischen Gemeinde. Sie hatten ein geistliches Programm das Frauen half, unerwünschte Schwangerschaften voll zu Ende zu bringen und die Babys großzuziehen, oder Paare zu finden, die sie adoptieren würden. Sie würden mir helfen ein Baby zum Adoptieren entweder am Ort oder im Mutter-Seton-Heim in San Antonio oder bei Marywood in Austin zu finden. Ich hatte früher schon bei einer Adoptionsagentur in San Antonio angefragt, aber die Kosten waren viel zu hoch für uns. Dann las ich die Geschichten auf dieser Website *Journey into Wisdom Everlasting [Reise in die Ewige Weisheit]*. Als ich den Spruch: „*Es ist ein Segen, ein Segen zu sein*" las, versprach ich o sehr!Gott mein Bestes zu tun, ein Segen zu sein wenn Er uns mit einem kleinen Baby segnen würde. I werde dir E-mailen sobald der Segen geschieht. Ich danke dir sehr.

28 „Maml, ich bin auf einem Engelsflügel gelandet!"...

Ich glaubte beinahe, daß wir nie ein Baby bekommen könnten. Meine Mutter wußte immer, wenn ich darüber gestreßt war und sie würde mir sanft versichern, daß Gott Seine gute Zeit wußte und Seinen Eigenen Plan hatte. Ich sollte mich beruhigen und mich daran erinnern, daß Er der Schöpfer aller Dinge und auch der Babys ist; und daß Er wußte, was am besten ist. Meine Mutter bedeutete mir alles.

Nicht viel später, als ich beinah 21 Jahre alt war, verschlechterte sich die Gesundheit meiner Mutter. Ihr Leiden regte mich so sehr auf. Kurz bevor sie starb nahm sie meine Hand in die ihre und während sie sie sanft drückte sagte sie zu mir: „Du wirst ein Baby bekommen. So sei so ruhig wie du kannst, lächle viel und sorge für eine glückliche Umgebung für das Baby. Ich habe geträumt, daß das Kind sehr schön war und daß du es auf eine hübsche rosa Decke legtest."

Was meine Mutter sagte erstaunte mich. Wegen der rosa Decke deutete es auch darauf hin, daß das Baby ein Mädchen sein würde. Der Tod meiner Mutter war ein großer Schock und mein Streß wurde immer größer. Damals war meine Glaubensfähigkeit noch nicht so entwickelt wie sie später einmal sein würde, oder aber ich nahm sie umsonst hin. Viele tief ergreifende Ereignisse lagen noch vor mir, die mein Vertrauen und Glauben an Gott stärken würden, daß Er tatsächlich für alles verantwortlich war. Ich wurde wirklich so deprimiert, daß mein Mann darauf bestand, daß ich einen Arzt aufsuchte. Ich vermißte meine Mutter so sehr. Nach der ärztlichen Untersuchung und den Tests war ich erstaunt als er zu mir sagte: „Herzlichen Glückwunsch, Sie sind schwanger!" Ich war sprachlos. Mit Tränen in den Augen dachte ich sofort an die Worte, die meine Mutter zu mir gesagt hatte. Von da an machte ich den Mund aber nicht mehr auf und sprach überhaupt nicht von dem *Traum von der rosa Decke*, den meine Mutter gehabt hatte. Später war ich so aufgeregt darüber, daß ich schwanger war, daß ich es nicht wagte, die anderen Schlüsse der Weisheitsgaben meiner Mutter vor ihrem Ableben nicht zu glauben. Aber wenn das Baby dann wirklich ein Mädchen war, waren das meine feste Versicherung daß es einen Gott gab, dem ich vertrauen konnte, und meine eigene persönliche Einstellung und mein Glaubensleben waren für immer verändert und gekräftigt. „Ich danke Dir, Gott, für meine wunderbare Mutter, mein erstes Baby, und dann später ein weiteres Mädchen und einen Jungen. Welche Segen! Ich werde mein Bestes tun, sie so aufzubringen, daß Du stolz bist, lieber Vater Gott -- und meine Mutter auch!"

Aber meine Geschichte endet hier nicht ganz. Als mein erstes Mädchen beinah sechs Jahre alt war, stand sie am Fenster in ihrem Zimmer im zweiten Stock. Das offene Fenster hatte kein Fliegengitter. Ich nehme an, ich werde nie wissen wie es geschah, daß sie aus dem Fenster hinaus zwei Stockwerke hinunter auf den Boden fiel. Ich eilte hinunter und fand sie leblos und von vielen Schnittwunden blutend. Wir eilten mit ihr zur Unfallstation des Krankenhauses. Die Schwestern und Ärzte schüttelten ihre Köpfe als sie sie sahen. Nach den Untersuchungen stellte der Arzt fest, daß ihre Zähne lose geschlagen waren, und er war erstaunt, daß das kleine Mädchen Zeichen von Bewegung und Reaktionsfähigkeit zeigte. „Liebe Frau, sie haben ein Wunderkind hier. Seien Sie lieber am Sonntag in der Kirche und sagen Sie Dank!" Seine Bemerkung erstaunte und wunderte mich, weil so viele Dinge geschehen waren, die eine überraschende spirituelle Wendung brachten. Am folgenden Sonntag gingen wir zur Kirche! „Lieber Gott, wir danken Dir dafür, daß Du uns so viel Aufmerksamkeit geschenkt hast," war ein Gebet das ich immer und immer wieder sagte.

Ein oder zwei Tage später fragte ich meine kleine Tochter an ihrem Krankenbett, ob sie sich an irgendetwas von dem Fall erinnerte. Sie sagte ganz einfach: „Ich bin auf einem Engelsflügel gelandet!" Ich erinnerte mich, daß der Arzt gesagt hatte, es sei ein Wunder, daß außer ein paar losen Zähnen sie nichts gebrochen hatte. Und daß da kein Ast war, der ihren Fall aufhalten könnte. Bald danach konnte sie nach Hause kommen und wir redeten nicht wieder über den Fall - bis einige Monate später etwas passierte...

Meine Tochter war in meinem Schlafzimmer und sah sich um, als sie ein Foto meiner Mutter bemerkte. Sie hatte ihre Großmutter nie gesehen solange sie noch am Leben war. Sie nahm das Foto in die Hand und lief damit in ihr Zimmer als ob das Bild jetzt ihr gehörte. „Mami, das ist der Engel!" Ich war wieder total sprachlos. Natürlich erlaubte ich ihr, das Bild auf ihre kleine Kommode zu stellen.

Mein kleines Mädchen hatte jetzt einen Schutzengel und eine Verbindung mit ihr. Mein Glaube war vollkommen - und aktiviert! Ich lobe Gott jeden Tag dafür, daß er ein so besorgter Gott ist. Gott hat eine besondere Weise, Familien zusammenzuhalten sodaß sie für einander sorgen, ob hier auf Erden oder im Himmel.

Nächste Woche, im Oktober 2010, wird mein "kleines Mädchen" heiraten. Ich bin sicher, daß ihre Großmutter auch dabei sein wird! Meine Tochter fragte mich um Rat. Ich antwortete: „Vertraue einfach Gott. Er hat es alles für dich vorbereitet; so beruhige dich und genieße es!"

29   Gott und Allah nehmen´s ernst! Einer von Beiden, Beide, oder sind Sie in Wirklichkeit Einer?

Vielen Dank dafür, daß ich diese gruselige Geschichte, die vor einigen Jahren in einem erstrangigen Hotel in Little Rock in Arkansas geschah, erzählen darf. Nachdem ich meine täglichen Besuche beendet hatte, ging ich in das Café des Hotels um einen Nachmittagsimbiß einzunehmen. Ein gutaussehender Kellner, der eine olivenfarbige Gesichtsfarbe hatte, begrüßte mich und nahm meine Bestellung auf eine angenehme und freundliche Art an. Ich genoss das Mahl und wollte gerade meine Zeitung ansehen. Da kam der Kellner an meinen Tisch und sagte er sei ein Austauschstudent bei einer nahegelegenen Universität. Seiner Haltung entnahm ich, daß er sich unterhalten wollte. Das war kein Problem.

Er fragte: „Was halten Sie von Mohammed?" „Der Boxer?" antwortete ich. „Nein, der Moslem-Prophet!" „Ja" fuhr ich fort, „ich respektiere alle heiligen Männer, deren Leben uns dazu inspirieren, Gott besser zu dienen. Ich nehme an, Sie wollen von Ihrer Liebe und Treue zu Mohammed und Ihrem moslemischen Glauben sprechen. Aber erst lassen Sie mich sagen, daß ich ein sehr strenger Katholik und Anhänger von Jesu Christi bin. Ich glaube Gott zeugte einen Sohn durch seinen Heiligen Geist. Jede Sünde muß durch Blutopfer bezahlt werden, weil das Leben im Blut ist. Das Leiden, die Streifen und der Tod am Kreuz von Jesu haben die ganze Schuld für unsere Sünden bezahlt. Wir können den Himmel betreten solange wir keine sterbliche Sünden begehen; oder wenn wir sie begehen, sie bereuen und um Verzeihung bitten mit der Absicht, die Sünden aufzugeben.

Laut der Bibel sind Gott der Vater, Sohn und Heilige Geist ein einziger Gott, der immer in unserem Leben in freundlicher Übereinstimmung handelt. Ich bin ein Adoptivsohn des Vater Gottes durch meine Taufe und weil ich mich gewidmet habe, Seinem Sohn, Jesus zu folgen.

Ich glaube, daß Mohammed genau wie ich von einer menschlichen Mutter geboren war. Aber ich glaube auch, daß Gott, welcher Herrscher über alles ist, einen großen Propheten, sogar Mohammed, segnen und erhöhen kann. Gott hat seinen eigenen einfallsreichen Weg, sein großes Werk der Rechtschaffenheit auf Erden zu schaffen, das menschlichen Schund beseitigt und uns darauf vorbereitet, den Himmel zu betreten. Wir nennen das Säubern oder Fegefeuer. Ich darf andere nicht verurteilen, da nur Gott das Urteilen macht. Aber wir müssen jeder von uns Dinge über Menschen erkennen; wir müssen sie an ihren Früchten erkennen, an dem das sie tun, egal ob es gut, schlecht oder gleichgültig ist. Da ich dies gesagt habe, machen Sie doch jetzt bitte weiter, da ich es schätze, daß Sie über Ihren Glauben und Ihren Dienst für Mohammed in Gehorsamkeit zu Allah mit mir sprechen wollen. Ich fühle tatsächlich, daß Sie wahrscheinlich gezwungen sind dies als eine Voraussetzung dafür zu tun, daß Sie den Himmel betreten können. Jetzt sind Sie an der Reihe..."

Der junge Mann schreckte nicht zurück und fing an mir zu erzählen, daß ...
„Allah hatte Mohammed erwählt, um Allahs Herrschaft des ordentlichen Lebensstils in diese Welt zu bringen. Die Welt brauchte unbedingt eine neue und mehr perfekte Ordnung. Er sagte, daß Jesus ein Prophet war und daß all Mosleme Jesus tief respektieren. Seine Mutter, Maria (Meriam oder so ähnlich) war eine hochheilige Frau und muß auch äußerst respektiert werden. Aber sie war keine „ewige Jungfrau" wie Ihre Leute sagen. Wir Mosleme zeigen Mutter Meriam (Maria) mehr Respekt als Ihre vielen Sekten. Ihre endlosen Spaltungen in der Christenheit zeigen uns, daß Sie nicht eins mit Allah sind! Zehn Jahrhunderte nachdem Jesus starb kamen Ihre Kreuzfahrer herunter in unsere moslemische Welt des Heiligen Landes um uns zu zerstören, und plünderten uns und den Reichtum der Juden. Mit den gestohlenen Gütern und Gold fingen sie ihr Banksystem an, das seitdem mit der Giersucht die Welt zu Sklaven gemacht hat. Sogar viele meiner Leute sind der Verlockung dieser Gier auch erlegen. Ich habe einige Jahre in der Schweiz gearbeitet, wo man das rote Kreuzfahrerkreuz als einen Teil ihrer Nationalfahne angenommen hat. Diese Menschen waren unter den ersten, die das gestohlene Gold versteckten und geheime Banken anfingen; sogar bis zum heutigen Tag!" Er fuhr fort, die Tugenden seiner Religion zu preisen und von der Notwendigkeit, daß ich Reue haben solle und mein Leben Allah, Mohammed und dem Koran unterwerfe, zu sprechen.

„Es tut mir leid, mein Freund, ich kann das nicht machen. Mein Gott und mein Jesus, Sein Sohn, haben mir gesagt, das nicht zu tun. Lassen Sie uns für einander beten und lassen wir Gott uns auf den Weg, den wir gehen sollen, führen!" endete ich. Aber dann hatte er auch einen Abschluß: „Vielleicht ist es jetzt noch nicht die Zeit es zu tun. Aber ich habe Ihnen die wahre Rettung angeboten. Sie haben sie abgelehnt. Sie sollten getötet werden dafür, daß Sie in das Gesicht von Allah, seinem Propheten und mir als seinem Diener geschlagen haben. Das wird Ihnen, Sie Ungläubigen, eines Tages geschehen!" Dann drehte er sich um und ging fort.

Ungefähr ein oder zwei Jahre später zeigten die Fernsehnachrichten eines Morgens beim Frühstück die Flugzeuge, die in die Gebäude stürzten und die Implosionen in New York City, dem Pentagon und auf dem Feld in Pennsylvanien. Dann kamen die Namen der moslemischen Täter. Rückblende! Dann erinnerte ich ganz lebendig die Erfahrung, die ich mit dem islamischen jungen Mann in Arkansas hatte. War mein moslemischer Freund ein Zeichen... der Zeiten, einer Zeit wenn ich mich für meinen Glauben stark machen sollte, eine Warnung von dem, was kommen wird?...von Gott, oder von Allah? Von beiden, oder? Weil das Martyrium der äußerste Beweis der Hingabe -- an Gott ist.... Und für die Moslems an Allah? Wer von uns wird Recht haben?

30 Ich wußte es war einfach zu gut, um wahr zu sein!

Ich bin jetzt in meinen Sechzigern. Aber als ich kaum ein Teenager war, hatte ich eine Erfahrung, die wie ein Blitz bei mir einschlug. Es geschah eines Sonntags in der Südlichen Baptistenkirche (Southern Baptist) in der Stadt, wo ich geboren und aufgewachsen war. Mir machte es wirklich Spaß, zur Kirche zu gehen, und ich fand die Predigten des Pastors sehr faszinierend. Ich versuchte mein Bestes, auch am Singen teilzunehmen. Eines Sonntags jedoch kündigte der Prediger an, daß er uns in seiner Predigt sagen würde wie es im Himmel sein würde. Toll! Das war gerade was ich hören wollte; etwas worüber ich schon eine lange Zeit neugierig gewesen war. Ich war ganz Ohr!

Ich war vor einem Jahr im Alter von etwa 12 Jahren getauft worden indem ich ins Wasserbad der Kirche tauchte. Ich wußte, daß ich ein spirituelles Bad brauchte. Immerhin war das auch der Name meiner Kirche [„die Täufer-Kirche"], daher muß es ziemlich wichtig gewesen sein. Und dann erinnere ich mich, daß ich vor der Gemeinde stand und ein öffentliches Bekenntnis meines Glaubens gab. Ich liebte Jesus wirklich, daher war es einfach und ich wollte das vor meiner Familie und allen anderen tun. Ich brauchte sowieso nicht so lange zu sprechen. Sicher war ich auf dem rechten Weg zum Himmel! Aber wie würde der Himmel wirklich sein?

Als der Pastor also seine Predigt über den Himmel anfing, hörte ich gespannt zu. Aber ich konnte meinen Ohren nicht trauen als er sagte: „Wird das nicht herrlich sein wenn wir in den Himmel kommen! Es ist genau so wie es hier in dieser Kirche in diesem Moment ist ... wir alle beieinander auf immer und ewig! Wie herrlich!" Seine Predigt schlug mich beinah um! Zu bedenken, *die Ewigkeit dort oben zu verbringen* ... mit diesen Kirchenmitgliedern, jung und alt. Vergiß das! Igitt! Was für eine Enttäuschung. Ich dachte daran wie oft sie kaum „Hallo" sagten, und wie sie über einander redeten, und so viel über dies, das oder etwas anderes stritten. Einige Male hatten sie schon eine solche Verachtung für einander gehabt, daß sie von der Gemeinde abspalteten und zwei andere Baptistenkirchen in anderen Stadtteilen anfingen. Sie haben nie wieder mit einander gesprochen.

Meine Gefühle über die Kirche und das Zur-Kirchegehen waren nie wieder ganz dieselben nach der freudeverderbenden Predigt über 'wie der Himmel sein würde'. Als die Jahre verliefen, lernte ich natürlich mehr über den Prozeß des Wachstums in Gnade und wie Gott uns durch tägliche Kreuze verbessert und wie Er uns im Abbild Christi erneuert. Tatsächlich schätze ich heute die Predigt des Pastors von damals als ich noch ein idealistischer junger Mensch war. Gott ist nicht fertig damit, die Mitglieder der Kirche zu formen; und ich selbst habe auch noch eine lange Zeit vor mir. Aber ich nehme an, ich werde niemals die Schockbehandlung vergessen, die ich damals vor so langer Zeit an dem Tag erhielt als der Pastor sagte, daß der Himmel so herrlich sein würde wie unsere Kirche. Um Himmelswillen nicht! Das war meine seltsame Epiphanie, falls es überhaupt eine war! Vielen Dank.

31 Toll! Drei Epiphanien in der Reihe? Will Gott mir etwas sagen?

Lieber Diakon Kenn: Vor vielen Jahren ging ich in eine Schule wo die Lehrerinnen Nonnen waren. Meine Familie ging nicht zur Kirche, aber sie dachten, daß es gut für mich wäre wenn ich dort zur Schule ginge. Mir machte die Schule Spaß, und ich kann mich nicht daran erinnern, daß ich nicht mit dem, das die Nonnen und der Priester über dies oder das sagten, übereinstimmte. Ich habe nur liebe Erinnerungen. Man lehrte mich, daß jeder einen Schutzengel hat, der die Aufgabe die Gott ihm gegeben hat, sehr ernst nimmt. Daher wird er mich nicht aufgeben, egal ob ich an ihn denke oder nicht. Meine drei folgenden Geschichten sind wahr. Ich danke meinem Schutzengel. Ich denke tatsächlich gelegentlich an ihn und manchmal danke ich ihm für überhaupt nichts. Ich glaube sogar, daß ich ihn einmal gesehen habe. Ihr Buch hat mich dazu gebracht, über viele Dinge nachzudenken.

Ich habe eine Liebe für Jesus und das ist der Grund dafür, daß ich denke, daß ich etwas erfahren habe, das man eine Epiphanie nennt. Ich denke, ich habe drei gehabt. Sagt Jesus mir, daß Er mich sogar liebt? Hier geht es los:

Meine Epiphanie Nr. 1: Als ich so etwa 23 Jahre alt war, arbeitete ich in der Innenstadt von Oakland in Kalifornien, was jeden Abend eine etwa 45-Minuten-lange Heimfahrt bedeutete. Meine Route war durch eine ältere Nachbarschaft mit sehr wenig Verkehr und ging einen langen Berg hinauf, mit sechs Seitenstraßen, die ich sorgfältig zählte bis ich das obere Ende des Hügels erreichte. Oben auf dem Hügel konnte ich aufatmen, und entspannte mich ein wenig bis ich zu einer verkehrsreichen Straßenkreuzung kam, was eine Hauptdurchfahrt war. Eines Abends zählte ich die Seitenstraßen nicht richtig und fand, daß ich zu schnell fuhr und im Begriff war, in die Querstraße mit viel Verkehr hineinzufahren. Was dann geschah, kann ich immer noch nicht ausfindig machen. Seltsamerweise fuhr ich in eine ruhige Seitenstraße, während ich noch zitterte und ich fragte mich: „Was um Himmelswillen ist jetzt gerade passiert – daß ich keinen Unfall verursacht habe? Ich selbst hätte das allein nicht tun können; es mußte mein persönlicher Schutzengel gewesen sein, der es für mich gemacht hat." Ich habe dieses Ereignis nie vergessen, es ist etwas das ich nicht von selbst getan habe aber was ein unbekannter „jemand" für mich machte. Ich glaube wirklich an diesen „Jemanden" der über mich wacht!

Meine Epiphanie Nr. 2: Ich war gerade dreißig Jahre alt geworden und hatte einen nagelneuen Wagen. Ich hatte vergessen, den Tank zu füllen und mir ging das Benzin etwa 50 Meilen [80 km] von zu Hause entfernt aus. Ich war zwar auf einer Autobahn, war aber in der Lage bis zu einer wenig benutzten Ausfahrt im Freilauf zu fahren. Nachdem das Auto angehalten hatte, hatte ich Angst, daß mir niemand zur Hilfe kommen würde, da ich so außerhalb des Wegs war. Damals gab es keine Handis! Während ich mich wunderte was ich tun sollte, fuhr ein Lastwagen heran und der Fahrer begrüßte mich und sagte: „Hallo, erinnerst du dich an mich? Ich bin der neue Mann deiner Kusine. Ich erinnere mich daran, daß du diesen neuen Wagen gekauft hattest und ihn zur Hochzeit fuhrst." Er erkannte das Auto von der Autobahn aus und er hatte eine Vorahnung und fuhr zurück um zu sehen, ob ich das war und ob ich Hilfe brauchte. Ich hatte ihn nur einmal im Leben gesehen; jedoch fand er es wichtig genug, umzukehren um mir zu helfen. Ich denke dieser „Jemand", der über mich wacht, machte es, daß dieser Mann sich an meinen neuen Wagen erinnerte. Ich war sehr dankbar!"

Meine Epiphanie Nr. 3: Ich weiß nicht warum mir Sachen passieren wenn ich in einem Auto bin und warum ich so viel Hilfe bekomme. Ich denke mein Schutzengel ist ein Mann oder irgendein „Engelstyp", der Autos liebt. Auf jeden Fall war ich auf dem Weg zum Supermarkt und hatte das Radio an, als Rush Limbaughs Programm anfing, den ich wirklich leidenschaftlich verabscheue. Sein Geschimpfe und Beschimpfungen erschütterten mich so sehr, daß ich durch ein Stoppschild an der Ecke fuhr, nach links abbog und die Straße hinunterraste. Gleich hörte ich hinter mir eine Sirene und die blinkenden Lichter eines Streifenwagens.

I hielt an der Seite an und als der Polizist an mein Fenster kam, sagte ich: „Es tut mir leid, Herr Schulz [ich las den Namen auf seinem Namensschild]; ich bin gerast." Er sagte: „Sie sind nicht nur mehr als 20 Meilen [32 km] pro Stunde über der

Geschwindigkeitsgrenze gefahren, Sie haben nicht am Stoppschild angehalten; das sind zwei Vergehen innerhalb von einer halben Meile [3/4 km]!" Ich antwortete: „Ja, Rush Limbaugh war am Radio und ich war so aufgeregt über was er sagte, daß ich annehme ich habe einfach nicht aufgepasst." Der Polizist sagte: „dies ist Ihr Glückstag. Stellen Sie das Radio ab und fahren Sie weiter!"

Würde mein Schutzengel rechtswidrig handeln? Ich folgerte, daß er das tun würde, da ich in Arizona lebe, das ein virtueller Polizeistaat und dafür bekannt ist, rechts und links Strafzettel auszuhändigen, in ihrer Besessenheit illegale Fremde zu jagen. Auf jeden Fall nahm ich das Ereignis als ein Zeichen des Verstehens hin und habe versucht, weniger emotional und vorsichtiger beim Fahren zu sein. Ich glaube wirklich, daß mein Schutzengel mich bewacht und mir hilft, wofür ich sehr dankbar bin.

(Notiz: *Diese Dame lebt nur ein paar Kilometer von dem Platz wo das tragische Schießen in Tucson in Arizona im Januar 2011 stattgefunden hat. Man konnte ihre Furcht in dem Brief fühlen, den wir etwa drei Monate vor dem traurigen Ereignis erhielten. Seitdem hat sie Pläne gemacht, in einen anderen Staat umzuziehen. Bete bitte, daß sie die Zusammengehörigkeit einer mehr mitfühlenden Ortsgemeinde und Kirchengemeinde findet!*)

32 Gottes Weltboten... ein Mystiker und ein Gärtner

Als Diakon in einer benachbarten Gemeinde und als Journalist bat mich der Pastor der St. Francis-Xavier-Kirche in Stonewall in Texas, Pfarrer W.W. Schneider, das Wochenende in seiner Kirche zu verbringen um ihm mit dem Gottesdienst zu helfen und auf Englisch zu predigen. Ihm ging es nicht sehr gut. Ich nahm das mit großem Vergnügen an. Ich wußte, daß wir immer Deutsch miteinander sprechen würden, was in meiner Gemeinde in der größeren Stadt nicht immer möglich war. Außerdem wollte ich seit langer Zeit die Lebensgeschichte dieses erstaunlichen Pastors aufzeichnen. Hier ist die Geschichte, die er so großzügig erzählt hat, damit ich sie weitererzählen kann.

Deutschland: Wunibald Willibald Schneider war zuerst ein einfacher aber ausgezeichneter Gärtner, der in 1907 in dem kleinen deutschen Dorf Pollenfeldt nahe Eichstatt in Bayern geboren war.   Er war mit Therese Neumann aus dem nahen Konnersreuth, auch in Bayern, befreundet.   Sie war neun Jahre älter.   Eines Tages hörte er, daß ein Feuer in ihrem Heim eine Invalidin aus ihr gemacht hatte und daß sie praktisch bettlägerig war.   Beide hatten sie die Gabe eines tiefen Glaubens und der Liebe zu dem Herrn Jesus Christus.   Er nannte sie „Resl" und sie nannte ihn „Wuni".

Während eines Besuchs überraschte sie ihn wenn sie ihm sagte er sollte sich vorbereiten, denn er würde bald die Gegend verlassen. Gott hätte einen Plan für ihn, der ihn um die Welt herumführen würde um für die Seelen der „Hochgestellten sowohl auch der Niedrigsten in weit entfernten Orten seelsorgerisch zu wirken." Sie ermahnte ihn mitzumachen wenn er aufgefordert würde, dem Herrn zu dienen und nicht „Bescheidenheit" oder „Mangel einer höheren Ausbildung" als eine Entschuldigung es abzulehnen zu benutzen. Was auch immer Gott geplant hat, Gott würde es ihm ermöglichen, sagte sie ihm. Er ging etwas ratlos fort; versprach aber, daß er sein Bestes tun würde, egal was kommt. Selbst wenn er aufgerufen würde ein leidendes Opfer für Christus wie sie zu sein, würde er auch das Beste daraus machen, versprach er ihr. „Wir sollen jegliches Kreuz das uns gegeben ist ertragen," sagte er oft in den folgenden Jahren.

Eines Tages glaubte er, daß er dem Herrn nützen könnte indem er ein Salvatorianer-Mönch in ihrem Kloster und Gärten im nahegelegenen Würzburg wäre. In 1928, im Alter von 21 Jahren, legte er sein feierliches Ordensgelübde ab. In der Zwischenzeit erregte seine Freundin „Resl" viel Aufmerksamkeit, weil die Wunden Christi, die Stigmata, freitags an ihrem Körper mit Bluten erschienen. In den folgenden Jahren begannen Adolf Hitler, die Nazipartei, und der deutsche militärisch-industrielle Komplex ihren Aufstieg in die Macht, um ihre Niederlage im Ersten Weltkrieg zu rächen und um die Deutschen mit ihrer Arbeit in den Fabriken zu beschäftigen. In den mittleren dreißiger Jahren schürten die Nazi-Faschisten ihre eigene satanisch-getriebene religiöse Leidenschaft, und darüber aufgelegte Ersatzreligion, die auf uralten deutschen Göttern, Mythos-Helden, heidnischen Symbolen und satanischen Ritualen basiert war. Ihre Überhymnen waren die eitelglanzvollen Werke Wagners.

Die übergeschnappten Nazis fingen an, gläubige protestantische, katholische und jüdische Anhänger zu verhaften und verfolgen. Die Salvatorianer beschlossen, daß sie anfangen müßten, ihre Kleriker und Mönche von Deutschland in verschiedene andere Länder zu schicken, wenn sie überleben sollten. Bruder Wunibald wurde gewählt, zu ihrem Kloster in Chester in England zu fliehen.

England: Im Salvatorianer Zentrum in Christeton Hall wurde den Flüchtlingsbrüdern gesagt, daß das einzige zur Verfügung stehende Wohnquartier eine große verfallene Tierscheune war. Bruder Wunibald und einige Kollegen fingen die Arbeit an und verwandelten den Stall in Stallbuchten, wo jeder seine „vier Wände" hatte. Es dauerte nicht lange, bis sie sehr produktive Gärten mit Gemüse, Obst und Blumen entwickelten, die in nahen und fernen Gemeinden sehr bekannt wurden. Sie hatten jetzt so viel extra Einkommen, daß sie sogar die Armen in der Gegend noch mehr versorgen konnten. Aber dann begannen die Nazis von Deutschland Bemühungen, die Engländer zu erobern. Der Abt glaubte dann, daß Bruder Wunibald und andere Deutsche von England zu einem irischen Kloster geschickt werden sollten. Aber seine wenigen Jahre in England waren wichtig, denn dort begann er Englisch zu lernen, was so wichtig für seine nächsten Missionsbegegnungen war.

Irland: Bruder Wuniblad hätte in dem schönen Irland nicht glücklicher sein können; er kümmerte sich um seine Gärten, bereitete Essen für die Armen; und die ganze Zeit lernte er mehr Englisch. Eines Tages wurde ihm gesagt, daß es einen Erzbischof in San Antonio in Texas, gab, der nach deutschsprachigen Priestern suchte, die in den dortigen Gemeinden im texanischen Hügelland dienen sollten. Er bot an, es zu arrangieren, daß Bruder Wunibald in das Beda College im Vatikan eintrete, um intensiv Englisch zu lernen und Priester zu werden. „Wirklich?" war Bruder Wunibalds verängstigte Antwort. Er müßte darüber beten! Und gleich darauf war er in Rom und besuchte das Priesterseminar.

Italien: Am 4. April 1953 wurde der Salvatorianer-Bruder aus Bayern als Priester in St. Peters Basilika in Rom mit der Unterstützung des Erzbischofs von San

Antonio, Robert E. Lucey, ordiniert. Pfarrer Schneider erinnerte sich an die Audienz bei Papst Pius XII nach dem Ordinations-Gottesdienst. Der Papst war der Nuntius bei München-Freising gewesen. Deutsch war seine zweite Sprache. Der Papst erklärte: *„Sonderbar! Sie sind Deutscher aus dem englischen Kolleg, der nach Texas geht, um Pastor für die dortigen deutschen Gemeinden zu sein! Sonderbar!* Es war auch in Italien, wo Pfarrer Schneider der Freund von Padre Pio wurde und an einer Messe mit ihm in seiner Kapelle teilnahm. „Nur die Messe mit Padre Pio zu sagen allein war mehr als ein Segen. Welchen Frieden es mir gab, mit diesem heiligen Mann Gottes zusammen zu sein!"

Vereinigte Staaten: Pfarrer Schneider kam bei der Bischofskanzlei in San Antonio im November 1953 an. *„Ich war enttäuscht, keine Indianer oder Desperados [Waghälse] zu sehen, und daß ich dort nicht in einer Postkutsche ankam."* Seine erste Aufgabe war, in der deutschsprachigen Sankt-Josephs-Gemeinde in der Innenstadt von San Antonio, in der Nähe des Alamos [Alamo-Festung], zu helfen. Er erinnerte sich liebevoll an den großartigen Chor, den Liederkranz, der auf Deutsch sang, und die wunderschönen Kreuzwegstationen mit den Inschriften, die alle ganz in Deutsch waren. Es dauerte noch ein weiteres Jahr bevor er den deutschsprachigen Cowboys von Fredericksburg und Stonewall im texanischen Hügelland mit seinen großartigen Ranches, Bauernbesitzen und Pfirsichgärten - und der LBJ- [Lyndon Baines Johnson] Ranch - zugewiesen wurde!

Texas Hill Country [Texanisches Hügelland]... Im August 1954 war er auf dem Weg zu seiner neuen Aufgabe als Assistierender Pastor der St. Mary´s Immaculate-Conception Kirche [Sankt-Maria-Kirche-der-Unbefleckten-Empfängnis] in Fredericksburg und fuhr den 1700-Fuß [520 m] hohen Anstieg in das texanische Hügelland hinauf. Dabei schätzte er nahe Bergheim und der Guadalupe-Fluß-Schlucht eine Kurve falsch ein und sein Wagen war ein totaler Verlust. *„Ich erlitt überhaupt keinen Schaden! Mein Schutzengel kümmerte sich um mich! Ich danke Gott immer für meinen Schutzengel.*

Wenn jemand nicht an seinem Schutzengel interessiert ist, verliert der Engel vielleicht auch sein Interesse!"

Bei St. Mary's hatte er Präsident Lyndon B. Johnson und seine Gattin, Lady Bird zuerst kennengelernt. Die Johnsons brachten gern katholische Würdenträger, besonders solche, die Deutsche waren, zu dieser Gemeinde in Texas die größtenteils deutsch war. Ihre Basilika-ähnliche kreuzförmige Kirche war in 1907 erbaut. Die erste Kirche, die Marienkirche, die daneben steht, war in 1861 gebaut worden. Vorher hielt die Gemeinde ihre Gottesdienste in einem einfachen Blockhaus [log cabin] ab.

Lyndon B. Johnson war Mitglied der First Christian Church - Campbellite [Erste Christliche Kirche – Campbelliter] nahe seiner Ranch in Johnson City. Seine Frau, Lady Bird, war eine Episkopal aus Ost-Texas und Mitglied der Sankt-Barnabas-Episkopalkirche in Fredericksburg. Einer ihrer Töchter, Luci, würde später katholisch werden und ihr Baby wurde von Pfarrer Schneider in der St.-Francis-Xavier-Kirche getauft, die in Stonewall jenseits des Pedernales-Flusses gegenüber der LBJ Ranch steht.

September 28, 1962 war ein Sondertag für Pfarrer Schneider, als er benachrichtigt wurde, daß seine Freundin Resl, Therese Neumann in Konnersreuth, Deutschland, gestorben und hinübergegangen war, um ihre ewige Belohnung zu erhalten. Er erinnerte ihre Freundschaft und ihre mystischen Visionen seiner Arbeit innerhalb der Universalen Kirche. Ihre Prophezeiung war tatsächlich ein epiphanisches Ereignis von großer Bedeutung und Wichtigkeit für ihn. Er dankte Gott für Resls eigene besondere Geistlichkeit als Opferseele und dafür, daß sie geholfen hatte, ihn auf seinen Dienst in der Weltweiten Kirche vorzubereiten.

Im Sommer 1967 wurde Pfarrer Schneider Pastor von der St.-Francis-Xavier katholischen Kirche in Stonewall, zwölf Meilen [20 km] östlich von Fredericksburg, sehr nahe vom texanischen Heim von Präsident und Frau Johnson. Er erhielt diesen Brief von Präsident Johnson: *„Ich weiß, daß alle Menschen in Stonewall meine Freude über Ihre kürzliche Berufung teilen. Ihre Gebete haben uns immer Kraft und Nahrung für unsere Führung gegeben, und Ihre Freundschaft ist ein Segen auf unser Heim gewesen. Frau Johnson und die Familie schließen sich mir an wenn ich Ihnen unsere herzlichsten Glückwünsche ausspreche. Wir freuen uns auf die kommenden Jahre mit einem befriedigenden Gefühl des Vertrauens in die moralische und spirituelle Leitung, die Sie zu unserer texanischen Gemeinde bringen werden. Wir beten, daß Sie das vollste Maß der Glücklichkeit finden werden...“*

In 1967 bat LBJ Pfarrer Schneider, seine Koffer zu packen und mit ihm nach Deutschland zu der Beerdigung von Kanzler Konrad Adenauer zu fliegen. *„Da gab es richtige Betten in voller Größe im Flugzeug,“* erinnerte sich Pfarrer Schneider. *„Als wir aufwachten waren wir dabei, in Köln zu landen!“* Er und die Johnsons wurden zur Villa Hillenbrand in Bad Godesberg nahe Bonn gebracht, wo die amerikanische Delegation zur Beerdigung wohnen würde. Präsident Johnson bot an, ihn nach Bayern fliegen zu lassen, damit er seine Familie besuchen könnte. Aber Pfarrer Schneider antwortete: *„Sie sind so gut, aber die Familie ist zu groß, um sie alle an einem Tag zu sehen. Ich werde Ferien machen, um sie alle richtig zu besuchen. Jetzt müssen wir alle dem wundervollen Kanzler Adenauer unsere volle Aufmerksamkeit schenken und für ihn beten!“*

Nach dem Gottesdienst wurde der offizielle Empfang in der Kürzenicht-Halle gegeben. Präsident Johnson behielt Pfarrer Schneider an seiner Seite und stellte ihn als *„der Priester von der LBJ Ranch, mein Pastor“* General de Gaulle von Frankreich, dem britischen Premierminister Wilson und anderen vor.

Bei den Vereinten Nationen... Präsident Johnson war aufmerksam genug um eine Fotografie mit Papst Paul VI zu arrangieren, als er Pfarrer Schneider vor der Rede des Papstes vor den V.N. in 1968 begrüßte. Nicht viele Tage später erhielt Pfarrer

Schneider ein besonderes Paket in seinem Pfarrhaus in Stonewall. Zu seiner großen Überraschung war es ein eingerahmtes Bild von Pfarrer Schneider als er mit Papst Paul VI die Hände schüttelte, mit der Inschrift, *„Mit Liebe und Ergebenheit von der Lyndon Johnson Familie.“* Das Geschenk wurde an dem sichtbarsten Platz nahe dem Kreuz in seinem Büro aufgestellt.

Eine andere Überraschung kam von Lady Bird Johnson und ihrer Kampagne für die Verschönerung von Gärten und Landstraßen. Pfarrer Schneider verbrachte unzählige Stunden, das Land und die Gärten um das Haus des Pfarrers, um die Kirche und das Gemeindehaus herum zu pflegen. Er machte sicher, daß er wenigstens eine Blumenart in jeder Jahreszeit blühen hatte. In 1971 verlieh ihm Lady Bird Johnson den Ersten Preis in dem Gartenverschönerungs-Wettbewerb für die Umgebung. Und dann in 1972 verlieh sie ihm die Seniorgärtner-Plakette. Es freute Pfarrer Schneider wenn er fotografiert wurde als er die Preise von "Frau Johnson" erhielt." (Verschiedene Male sagte Pfarrer Schneider, daß er sich niemals wohl fühlte, Frau Johnson „Lady Bird“ zu nennen, und aus Respekt für sie würde er es einfach nicht tun).

Der Abgesandte des Präsidenten zum Vatikan. Im Juli 1967 klopften zwei Geheimagenten an Pfarrer Schneiders Tür und sagten, sie hätten ein besonderes Anlegen von Präsident Johnson. Sie erklärten, daß wenn er es arrangieren könnte einige Tage von der Gemeinde fort zu sein, der Präsident ihn benötigte, um eine Tasche mit Mitteilungen an Papst Paul VI zu liefern. Es sei nicht außergewöhnlich, daß ein Priester nach Rom ginge. Der Papst würde bald einen Staatsbesuch nach Asien, Australien und den Philippinen machen. Präsident Johnson hatte wichtige Informationen, die er dem Papst zu geben hatte bevor er den Vatikan verließ. Pfarrer Schneider wußte nur, daß es damit zu tun hatte, die Ausbreitung des Kommunismus aufzuhalten.

Nachdem er es mit dem Erzbischof in San Antonio geklärt hatte, fand Pfarrer Schneider einen Priester, der seinen Platz in der Gemeinde für eine Woche einnehmen konnte und er war auf dem Weg nach Rom. Wenn er seine Mission erfüllt hatte und nach Stonewall zurückkehrte, war Pfarrer Schneider stolz ein gerahmtes Foto zu zeigen, auf dem er vom Papst begrüßt wurde bevor er dem Papst die Tasche überreichte. Papst Paul VI sagte Pfarrer Schneider, daß Präsident Johnson ein wirklich guter christlicher Mann war, weil er Schullehrer bei den Mexikanern in Südtexas gewesen war, Bürgerrechte verbesserte, Medicare [Seniorenkrankenversicherung] herbeibrachte, und hilft, die Ausbreitung des Kommunismus aufzuhalten. Pfarrer Schneider war nie so stolz als wenn er mit dem Papst übereinstimmte und ihm dankte dafür, daß er Präsident Johnson einen solchen verdienten Kredit gab, da *„viele in den Vereinigten Staaten es nicht mochten, daß er soziale Rechte förderte. Millionen könnten sich keine Krankenversicherung leisten. Aber Präsident Johnson hat es trotzdem getan weil es richtig war, es zu tun. Aus diesem Grund hätten viele Demokraten in Texas und im Süden die Partei verlassen und sind Republikaner geworden. Aber manche Republikaner wurden Demokraten aus demselben Grund!"*

Auf Wiedersehen, Präsident Johnson... Im Januar 1973 wurde Pfarrer Schneider mitgeteilt, daß Präsident Johnson verstorben wäre und daß die Familie gebeten hätte, er solle das Bittgebet während des Gottesdienstes am Grab auf der LBJ Ranch geben. Später schrieb seine Tochter Luci: *„Mein Vater wäre so stolz auf Ihr Bittgebet bei seiner Beerdigung gewesen. Sie waren präzise, relevant und doch so mitfühlend und liebend wie der Mann war, dem Sie den Tribut zollten. Sie waren sein Freund und boten ihm eine besondere Quelle der Einsicht und Freude, die seine Tage erhellten ... Ihre ergebene Luci"*

Rückkehr nach Deutschland... Pfarrer Schneider erhielt eine besondere Bitte, oder besser gesagt, einen Appell, von seiner Schwester, die eine Nonne in der Gemeinde von Sankt Joseph in Thannhausen war, daß die Gemeinde einen Kaplan benötigte für ihr großes seelsorgerisches Wirken für über 2.000 Schwerbehinderte.

Auch, da Pfarrer Schneiders Gesundheit sich verschlechterte, solle er nach Hause zurückkehren um nahe seiner Familie zu sein. Alle waren sehr erstaunt, als er seinen anhängigen Ruhestand ansagte.

Freunde von weit und breit besuchten den Abschiedstribut für Pfarrer Schneider in Stonewall am 17. Mai, 1977. Der Erzbischof von San Antonio präsentierte ihn persönlich mit einem wunderschönen Ölgemälde von einem hochangesehenen Künstler, Guy Botto. Das Bild zeigt ein Feld von Bluebonnets [Blaue-Häubchen-Blumen], die eine Eiche, die so typisch für das texanische Hügelland ist, umgeben. Das Bild wurde über seinem Bürotisch aufgehängt, als er Kaplan bei den Sankt-Josephs-Schwestern in Thannhausen, Deutschland war.

Pfarrer Wunibald Willibald Schneider verstarb am 21. Mai 1984 und wurde auf dem Friedhof der Schwestern von Sankt Joseph begraben. Ein Porträt des Priesters des Präsidenten hängt an einem Ehrenplatz im Gemeindehaus der Sankt-Francis-Xavier-Kirche in Stonewall, und auch im Foyer des Kirchenbüros von Sankt-Maria-von-der-Makellosen-Empfängnis im nahen Fredericksburg. Sein geistliches Wirken hatte tatsächlich die Welt umringt indem es die Prophezeiung von Pfarrer Schneiders lieber Freundin Resl aus Konnersreuth, Deuschland erfüllte.

33   ... Ein Beweis, daß Gott manchmal seine Meinung ändert?

Ich bin jetzt verheiratet und beginne meine Familie mit der Nachricht, daß meine Frau ein Baby erwartet, unser erstes! Ich möchte Gottes Hände für dieses Geschenk schütteln, werde aber nur meine Hände in Danksagung zu ihm erheben. Ich war jedoch nicht immer so undeutlich mit Gott. Und mein Vater war gewiß auch nicht so. Hier ist der Grund: Als ich noch nicht ein Teenager war, erfuhr ich, daß das erste Kind meiner Eltern ein Mädchen gewesen war, das nur ein paar Jahre lebte bevor „Gott sie zu sich nahm." Meine Eltern waren sehr traurig aber der Arzt versicherte ihnen, daß sie noch mehr Kinder haben könnten und daß die Krankheit, welche das Leben ihrer Erstgeborenen genommen hatte, höchstwahrscheinlich nicht wieder passieren würde. Nach einer gewissen Zeit hatten sie ein weiteres Baby, einen Jungen – mich.

Wir drei waren jahrelang eine großartige Familie. Alles verlief reibungslos. Dann raste eines Tages ein Pkw durch ein rotes Licht und knallte mit Hochgeschwindigkeit in unseren Wagen. Im Krankenhaus fingen einige seltsame Dinge an zu passieren. Mein Vater explodierte plötzlich mit Wut gegen Gott: warum Er dies nur geschehen ließ! Meine Mutter war auch in Qualen, mußte aber die Kraft zusammenraffen um meinen Vater zu beruhigen. Sie versicherte ihm, daß der Arzt und das medizinische Personal ihr Bestes täten.

Ich erzähle diese Geschichte viele Jahre nachdem dies passiert war. Und jetzt berichte ich über mich selbst im Operationssaal. Ich fühlte, daß ich meinen Körper verließ. Ich konnte meinen Körper nicht sehen, wußte aber, daß ich ihn verlassen hatte und irgendwo hinging. Ich kam an einem anderen Platz an, vielleicht in einem Zimmer, oder auf einer Stelle; da sah ich meine kleine Schwester und sie lächelte mich an. Sie sagte es war gut mich zu sehen, aber daß Gott Seine Meinung geändert habe und ich nicht da bleiben sondern zu meinen Eltern zurückkehren würde. Und wirklich, ich fühlte, daß ich anfing meine Schwester zu verlassen und im Begriff war, wegzugehen.

Als ich wieder zu mir kam, war ich im Aufwachraum und meine Eltern waren dort und küßten mich auf den Kopf. Es war alles eine solche Verblüffung für mich, sodaß ich ihnen nicht erzählte, daß ich meine Schwester dort wo ich gewesen war gesehen hatte, und von woher ich gerade zurückgekehrt war. Ich erzählte es ihnen nach einigen Tagen und sagte auch, wie gut sie aussah.

Während der Rehabilitationszeit sagte meine Mutter mir auch, wie mein Vater Gott angeschrien hatte weil er befürchtete, daß sie noch wieder ein Kind verlieren würden. Wenn ich diese Geschichte dem Diakon, der mich im Krankenhaus besuchte, erzählte, sagte dieser mir auch daß mein Vater einen solchen Anfall gegen Gott gehabt hatte. Mein Vater beruhigte sich aber als der Arzt erschien und berichtete, daß nach mindestens einer halben Stunde während der sie mein Herz gepumpt hatten - oder was sie sonst so machen - ich dann endlich Zeichen zeigte, daß ich auflebte. Der Diakon sagte mir, daß es in der Bibel eine Menge von Geschichten gäbe, wo Gott seine Meinng geändert hätte. Aber was Gott vielleicht tun wollte war einen Weg zu finden, mich und meine Familie wissen zu lassen, daß meine Schwester, ihr erstes Baby, gut an einem anderen Platz lebte und auf uns wartete. Ich hatte den Eindruck, daß es meiner Schwester nichts ausmachte wann wir alle zusammen sein würden; sie war so sicher, daß wir schließlich alle beieinander sein würden.

Nun kommt zu unserem Dreigespann meine neue Frau hinzu. Wenn unser kleines Baby ein Mädchen sein wird, werden wir sie nicht nach meiner Schwester nennen, denn wenn wir alle bei einander sein werden, sollten sie nicht denselben Vornamen haben. Das alles schien ein Lächeln zum Gesicht meines Vaters zu bringen... und brachte meine Mutter... und meine Frau auch zum Lächeln! Ich versuchte zu vergessen, daß das Wettern meines Vaters gegen Gott etwas damit zu tun haben könnte, daß ich zurückkam. Der Diakon sagte mir aber ein Wettern könnte auch ein Gebet sein, denn Gott versteht alle Herzen! Jetzt weiß unsere ganze Familie, daß ganz gleich was uns hier auf Erden passiert, wir alle für immer im himmlischen Leben zusammen sein werden! Und der Diakon fügte hinzu: denke darüber nach, vielleicht wurde die kleine Schwester von etwas Traurigem und Schrecklichem gerettet, wenn es ihr erlaubt gewesen wäre hier auf Erden zu leben. Gott kennt die beste Zeit und die besten Wanns!

34 Das Versprechen von viel besseren Dingen in der Zukunft - besonders im Himmel!

Während ich immer an Gott geglaubt habe und mein Herz Jesus im jungen Alter geschenkt habe, scheinen so viele Sachen schief gegangen zu sein, daß ich mich wundere wie ein liebender Gott das erlauben könnte. Ich werde nicht in alle Einzelheiten eingehen und ich möchte nicht, daß meine Kinder und Familie „uns" erkennen. Laß mich nur sagen, daß ich mir große Mühe gegeben habe, Gott Freude zu machen und um über die Jahre in seiner guten Gnade zu bleiben. Einmal ging ich zur Beichte und erfand eine Sünde, nur um den Schwestern bei der katholischen Schule die ich besuchte gefällig zu sein. Ich habe mich oft gewundert, ob das selbst nicht eine Sünde war!

Meine Schwierigkeiten fingen an als meine gleichaltrigen Kameraden und meine Mitarbeiter sich über mich ärgerten, weil ich nicht mit ihnen „sündigte". Ich versuchte sie zu überzeugen, daß ich keine Petze bin; aber sie glaubten mir nicht. Ich fand sogar eine meiner Mitarbeiterinnen als sie mit ihrem Chef in seinem Büro knutschte. Danach war es höllisch für mich dort. Schließlich wurde ich nach übertriebenen Anschuldigungen entlassen. Mein Privatleben fing auch an zu verfallen als meine Frau behauptete, daß sie sich langweilte und eine Scheidung verlangte! Und während all diesem schien ich immer derjenige zu sein, den meine Mutter immerzu drangsalierte. Sie versuchte immer einen Streit anzufangen und wurde hitzig und wollte streiten. Aber da ich wußte, daß das worüber sie sich beklagte gar nicht wahr war, sagte ich nichts bis sie einfach angewidert aufgab.

Als ich eines Tages jedoch eines Tages gehorsam mit ihrer Einkaufsliste zum Supermarkt ging, fühlte ich einen Schmerz und wurde plötzlich ohnmächtig. Mir wurde gesagt daß der Rettungsdienst mich zur Unfallstation im Krankenhaus brachte, wo sie mich in einen Hubschrauber luden, der 65 Meilen (105 km) zum Herzkrankenhaus in San Antonio flog. Ich erinnere mich ganz sicher, daß ich meinen Körper verließ und aufwärts auf einer hellen weißen Wolke oder einem bequemen großen Kissen stieg. Ich war sehr glücklich und fühlte, daß ich irgendwohin, wo es wunderschön ist, ging. Aber es schien, daß es eine Ewigkeit dauerte dahin zu kommen.

Dann hörte das Gefühl des Aufsteigens auf. Das nächste, das ich wußte war daß ich in einem Bett im Krankenhaus aufwachte. Dort kümmerten sich Krankenschwestern um mich. Und dann kam meine Familie ins Zimmer herein.

Ich schlug mir die Flugerfahrung aus dem Kopf, da ich darauf aufpassen mußte was im Krankenhaus vor sich ging. Später sagte man mir, daß man gedacht hätte ich wäre gestorben und das medizinische Personal arbeitete eine lange Zeit um zu versuchen, mich wieder zu beleben. (Das könnte dann gewesen sein als ich dachte, der Flug dauerte eine schrecklich lange Zeit). Aber ich war wieder am Leben. Als ich mich besserte und in den Aufwachraum gebracht wurde, fing ich an mich sehr lebhaft daran zu erinnern wie ich meinen Körper verlassen hatte. Welch wohltuendes Erlebnis das war! Ich wußte, daß ich keine Angst mehr vorm Tod hatte und daß ich alles ertragen konnte, sogar meine Mutter. Von jetzt an würde ich versichern, „cool" zu bleiben. Das nächste Mal möchte ich weitergehen können und das Ziel der Fahrt auf der weißen Wolke ,oder was immer das war´, erreichen. Ich bete um die Gnade, daß ich jegliches Kreuz das ich tragen muß trage, trotz allem das andere versuchen, mir anzutun. Und ich bete, daß ich nicht versuchen werde, auf sie zurückzuschlagen. Lieber Gott, hilf mir, daß ich weiterhin meine Mutter ehren werde, ganz gleich was kommt.

35 **Ein Schlag von Gott?**

Als ich zehn Jahre alt war, fuhren wir in die Berge auf Ferien. Ich war im Rücksitz des Familienwagens fest eingeschlafen. Aber ganz plötzlich erweckte mich irgendetwas aus meinem tiefen Schlaf. Ich sprang auf und reichte nach vorn zu meinem Vater, der am Steuerrad saß, und gab ihm einen scharfen Schlag von hinten. Meine Mutter schimpfte mich aus und sagte ich hätte einen Unfall verursachen können. Aber mein Vater unterbrach sie und sagte: „Nein, dank Irene sind wir gerettet. Ich hatte angefangen zu dösen und war gerade im Begriff, am Steuerrad einzuschlafen! Sie hat mich vom Einschlafen abgehalten!"

Als ich aufwuchs, hatte ich immer gedacht, daß Gott mich nicht nur aufweckte sondern auch verursachte, daß ich meinen Vater sofort schlug. Ein weiteres besonderes Ereignis geschah während der Beerdigung meiner Mutter in der ukrainischen katholischen Kirche in Fox Chase außerhalb
von Philadelphia. Ein einzelner Sonnenstrahl kam durch das Fenster und ruhte auf dem Sarg meiner Mutter. Wir waren alle verblüfft. Dann merkte ich, daß der Lichtstrahl beinah so schnell wie er kam verschwand. Ich fühlte aber, daß Gott den Geist meiner Mutter annahm und sie in den Himmel an dem besonderen Licht entlang führte. Ich war so glücklich ich konnte einfach nicht aufhören zu weinen. Dann kam

Frieden über mich denn ich fühlte, daß meine Mutter im Frieden war. (von Irene van Winkle, bekannte Autorin und Journalistin aus Ingram, Texas die bei der *Ingram Current* Zeitung angestellt ist).

36 Ich bin durch das Tor zur Hölle gegangen!

Ich war kaum ein Teenager als mein Vater einen Herzanfall hatte und sofort ins Krankenhaus gebracht wurde. Das war lange bevor den heutigen Hubschrauberflügen von unserer kleinen Stadt zu den großstädtischen Krankenhäusern, die einen halbstündigen Flug entfernt sind. Ich, eine Tochter, war das einzige Kind meiner Eltern. Mutti und ich saßen traurig da und versuchten Jesus mit Gebeten zu erreichen um den Vati zu retten, den wir so sehr liebten. Wir warteten und warteten bis endlich der Arzt erschien und sagte, daß es gerade noch gut gegangen wäre und daß seine Vitalfunktionen zurückgekehrt wären und daß er bald in ein Zimmer zur Beobachtung gebracht werden würde. Wie wunderbar erleichtert wir waren! Und wir sagten immer wieder unserem Herrgott unseren Dank.

Als die Tage vorübergingen und mein Vati nach Hause kommen konnte und dann in ein Rehabilitationsprogramm ging, besprachen meine Mutti und ich oft was wir machen könnten, um sicher zu sein daß er sich erholte. Ich würde sogar noch mehr mit der Hausarbeit und Kochen helfen. Wir würden versuchen uns nicht über Dinge zu beklagen damit wir weniger Streß hätten. Und so weiter und so weiter... Aber dann sagte Mutti zu mir: „Dein Vati hat mir gesagt er hätte gespürt, daß er seinen Körper verließ und irgendwohin weit in die Ferne gebracht wurde. Er kam zu einem Eingang zu irgendetwas, das ihm wirklich durch und durch angst machte. Er sagte es war das Tor zur Hölle. Obwohl es ihn beängstigte war er trotzdem zu seinem Schicksal resigniert. Aber dann bemerkte er ohne weitere Anzeichen, daß er umkehrte und durch das Tor wieder wegging. Wie überrascht er war, als er aufwachte und im Krankenzimmer in unserer Stadt war!"

Ich war einfach sprachlos wenn meine Mutti mir das sagte und war völlig überwältigt. In den folgenden Jahren würde ich meine verschiedenen Pastoren darüber fragen. Sie sagten, es einfach Gott zu überlassen, der gnadenvoll und mitfühlend sei. Meine Mutter sprach nie wieder darüber und dachte, daß meinem Vater ausreichend Zeit gegeben war, sollte er Vergebung für irgendetwas brauchen. Wir sollten einfach weiterhin für einander beten und versichern, daß wir uns um unsere eigenen Seelen kümmerten, sodaß wir alle im Himmel auf alle Ewigkeit zusammen sein könnten. Mein Vati und meine Mutti lebten beide noch viele weitere Jahre, und ich habe keinen Zweifel, daß sie beide im Himmel sind... und auf mich warten!

37 Eine Predigt ohne Worte!

Es gibt eine sehr lange Autobahn, die von Südkalifornien bis nach El Paso in Texas und hinunter bis Südlouisiana und Südflorida führt. Diese ist seit den Goldrauschtagen des mittleren Neunzehnten Jahrhunderts und auch während der Trockengebietstage während der Dürren sehr populär. Da dort weniger Berge und besseres Wetter sind, wird diese Route von Trampern und Vagabunden bevorzugt. Wenn man aus der Wüste kommt, kommt man auf eine Stadt, die eine sehr willkommene Oase darstellt. Ein schimmernder weißer Turm offenbart eine hölzerne Kirche, die Reisende aus einer Ferne von etwa 32 km [20 Meilen] schon einlädt. Die Gemeinde setzt sich aus wohlhabenden Ranchers aus einem weiten Umkreis zusammen. An einem gewissen Sonntag, als der Parkplatz der Kirche völlig gefüllt war, schaffte es ein Tramper in die Stadt hineinzukommen und entschloss sich, zur Kirche zu gehen, wo ein Gottesdienst im Gange war.

Drinnen saß die Gemeinde in ihren Sonntagskleidern. Der Pastor in seiner schönen weißen Albe hatte gerade angefangen, seine Predigt zu predigen. Da kam der Reisende herein, mit ungekämmtem Haar, unrasiert und sehr müde. Er suchte nach einem Sitz, konnte aber keinen finden. Er ging langsam vorwärts. Der Pastor unterbrach seine Predict gerade in dem Moment als der Mann die erste Kirchenbank, die vollbesetzt war, erreichte. So setzte der Mann sich einfach leise auf den Fußboden.

Gerade als der Pastor etwas sagen wollte, kam ein älterer Herr, einer der Begrüßer, von hinten in der Kirche nach vorn. Alle hielten den Atem an und wunderten sich was jetzt passieren würde. Der Begrüßer sagte: „Hallo Fremder, wir wollen dich hier willkommen heißen. Da ist kein extra Sitz mehr in der Kirche. Da dachte ich, ich würde dich begrüßen und mich zu dir auf den Fußboden setzen."

Der Pastor lächelte und sagte: „Da ist gewiß jetzt kein Grund mehr dafür, daß ich predige. Ihr habt gerade die Predigt gesehen! Manchmal ist die beste Predigt die, die keine Worte hat! Willkommen, Freund. Bleib bitte zum Kasserollen-Essen nach dem Gottesdienst. Jetzt laßt uns den Rest des Gottesdiensts weiterführen."

38 Glaube mir, deine Sünden werden dich herausfinden!

Wir sind vor kurzem im schönen Biloxi in Mississippi, das eine herrliche Aussicht auf den Golf von Mexiko bietet, in den Ruhestand gegangen. Morgens freuen wir uns meistens, uns mit anderen Pensionären zum Frühstück zu treffen. Zwei Dinge sind geschehen, die uns darauf aufmerksam machten, daß Gott seine eigene Weise hat,

Sachen zu enthüllen, von denen er glaubt daß sie bekannt gemacht werden müssen, nämlich unsere eigene Scheinheiligkeit.

Nr. 1 war, daß wir einen Pilotenfreund in Michigan besuchten bevor wir nach Biloxi umzogen. Der Pilotenfreund erzählte uns, daß er von einem anderen Pilotenfreund gehört habe, daß es bei ihnem Flughafen ein geheimes Regierungs-Flugausbildungsprogramm gäbe. Der Pilot sagte, daß dort junge saudiarabische Männer wären, die das Fliegen lernten und bar für den Unterricht bezahlten. Der amerikanische Pilot entschied, daß er die Homeland Security (Sicherheitspolizei) anrufen und ihnen von den fremden Studenten erzählen würde. Der Agent dankte ihm für den Anruf, sagte aber daß die amerikanische Regierung genau von diesen islamischen Flugstudenten wüßte und sie genau beobachtete. Man brauche sich über sie keine Sorgen zu machen.

Nr. 2. Als wir wieder nach Biloxi zurückgekehrt waren, wurden wir beim Frühstück einem anderen pensionierten Piloten vorgestellt. Als das Thema der 9-11 Flugzeugabstürze in New York City, dem Pentagon und auf dem Feld in Pennsylvanien aufkam, erwähnte er ein anderes islamisches Flugtrainingsprogramm, das an seinem Flughafen in Florida vor sich ging. Es war dieselbe Geschichte. Er und seine Crew riefen Homeland Security an um sich nach der Ausbildung von islamischen Studenten zum Fliegen von großen einheimischen Verkehrsflugzeugen zu erkundigen. Ihm wurde ebenso gesagt, daß die Regierungsagenten genau von ihnen wußten und sie genau beobachteten.

Beide pensionierte Piloten erinnerten sich sofort an diese Dinge als Flugzeuge in das World Trade Center [Welthandelszentrum] in New York City und ein weiteres Flugzeug angeblich in das Pentagon einschlugen und noch ein weiteres Flugzeug auf dem Feld in Pennsylvanien abstürzte. Auch waren sie als Piloten gewahr, daß vor den

Abstürzen die amerikanische Regierung alle Luftflugaktivitäten über und um Washington D.C. und New York City wegen sogenannten Manövers aufgelöst hatten. Weiter wurde einer gewissen Anzahl von Angestellten an diesen Orten gesagt, am 11. September nicht zur Arbeit zu kommen.

An jenem Tag wurden Regierungsbeamte in geheimen Wartebereichen abgesondert. Sogar Präsident Bush war schnell nach Florida geschickt worden um eine Schule zu besuchen, wo man ihm von den 9-11 Abstürzen erzählte. Der pensionierte Pilot an unserem Frühstückstisch glaubte, daß diese Dinge einfach zu „zufällig" waren, um wahr zu sein. Vielleicht war das Pentagon schon immer außer Kontrolle. Vielleicht war Präsident Eisenhower tatsächlich prophetisch gewesen wenn er das amerikanische Volk warnte, daß wir uns besser mit dem militärisch-industriellen Komplex vorsehen sollten. Große Vermögen werden mit der Kriegsproduktion gemacht. Menschen-Umbringen ist das größte und einträglichste Geschäft auf der Welt.

(Notiz des Redakteurs: Wir danken Marilyn aus Biloxi dafür, daß sie uns diese faszinierende Geschichte gesandt hat. Die Bibel warnte uns, daß nicht nur individuelle Personen verurteilt werden, sondern auch Organisationen, Regierungen und Staaten alle eine Abrechnung geben müssen.)

39 **Der Josua-Gang...**

Es war während eines jener Jahre einer großen Dürre im texanischen Hügelland. Die dortigen Pfirsichgärten fingen an, öde und beinah hoffnungslos auszusehen. Mein Mann und ich dachten, daß wir die Mitglieder unserer Gebetsgruppe bitten sollten mit uns zum Pfirsichgarten unserer Freunde zu gehen und sie um Erlaubnis zu bitten, auf ihrem Besitz im Gebet umherzugehen. Unsere Pfirsichgartenfreunde hatten von so etwas noch nie gehört, aber sie wurden verzweifelt und drängten uns zu kommen und „unser Ding" zu tun. Sechs von uns trafen uns auf der Seite des Gartens wo Traktoren zum Unkrautabhacken hineinfahren konnten, oder um die Pfirsiche an den Reihen entlang zu pflücken.

Wir begannen mit einem Gebet und baten Gott, unseren Appell für den so sehr notwendigen Regen zu hören. Dann entschlossen wir uns, den Rosenkranz zu beten. Wenn wir jedes Gesätz beendet hatten, sangen wir das „Halleluja-Lied" Von Zeit zu Zeit hörten wir auf und setzten uns hin, sagten Gebete und redeten in Zungen. Mit jedem Schritt den Weg entlang fühlte ein jeder von uns die Gegenwart Gottes. Das Feld war nicht sehr groß, so konnten wir etwa eine Stunde an den Baumreihen entlang beten und singen. Josua und seine Crew umkreisten Jericho sieben Mal. Wir waren nicht in so gutem Zustand ihm gleich zu tun. Wir glaubten, daß Gott sehen würde, daß unsere Herzen am rechten Platz waren. Als wir unseren Gang beendet hatten, luden der Pfirsichgartenbesitzer und seine Frau uns alle in sein Haus zu einem Imbiß ein. Sie dankten uns als wir weggingen und wir glaubten sicher, daß unsere Gebete beantwortet werden würden. Am nächsten Tag durchnässte ein drei cm [one inch] großer Schauer ihr Feld und die umherliegenden Felder. Der Pfirsichgartenbesitzer telefonierte uns um uns wissen zu lassen, daß die Gebete tatsächlich beantwortet worden waren.

40 Der Comanche-Regentanz

Mehrere Monate waren im texanischen Hügelland vergangen seit die Gebetsgruppe den Josua-Gang durch den Pfirsichgarten gemacht hatte. Die Gegend brauchte wieder dringend Regen. Es war die erste Woche im Mai als die Stadt Friedrichsburg und die Comanche-Indianer sich versammelten um ihren Friedensvertrag von 1847 zu feiern, der nie gebrochen worden war. Der Vertrag dauerte bis 1875 wenn amerikanische Soldaten die letzte Gruppe von Comanche-Indianer vom texanischen Hügelland zu ihrer Reservation in Oklahoma brachten. Mit dem jährlichen „PowWow" [indianische Versammlung] wurden 28 Jahre Frieden gefeiert. Als die Comanches am Marktplatz-Pavillon ankamen, wo der PowWow gehalten werden sollte, sagte einer der Stadtväter dem Chief [Anführer], daß die andauernde Dürre sehr verzweifelnd war. Der Chief sagte dem Stadtvater, daß sie ihren PowWow immer mit einem Gebet eröffneten und daß sie den besonderen Regentanz in den Eröffnungsaktivitäten mit einbeschließen würden. Alle ihre Tänze ehrten sowieso Gott, ihre Vorfahren, Familien und Anführer des Staates und des Landes. Sie freuten sich, besondere Anliegen wie eine Dürre zu brechen mit einzuschließen.

Der Comanche-Regentanz dauerte beinah eine Stunde, während der die Trommeln mit großer Intensität schlugen, und farbenfroh geschmückte Tänzer mit ihrer allerbesten Herzlichkeit und Energie ihre Vorführung gaben. Der Chief erklärte, daß die meisten Mitglieder ihres Stamms über die Jahre Christen geworden wären. Während ihre Kostüme sich nicht geändert hätten, wären ihre Gebete jetzt an den Großen Vater, den Sohn Jesus und den Heiligen Geist gerichtet.

Jener Tag wird immer in Friedrichsburg erinnert werden. Innerhalb von einigen Stunden kam vom Norden eine große, dunkle Wolke, die einen durchnässenden Schauer auf die Stadt und die ganze Umgebung losließ. Es ist überflüssig zu sagen, daß die anwesenden Bürger Dankworte hatten für die Ureinwohner Amerikas und deren uraltes Rituell Gott zu bitten, Regen herunter zu senden.

41 San Angelo in Texas feiert die Epiphanie der Dame in Blau der Jumano-Indianerstämme.

Auf den Feldern gegenüber dem Fort Concho außerhalb von San Angelo in Texas versammeln sich Menschenmengen. Dies geschieht am zweiten Wochenende im Juni jedes Jahres im Concho-Flußtal zum jährlichen PowWow (Indianertreffen) vieler Indianerstämme. Nachfahren der Jumano-Stämme kommen auch, um die Zeit während der 1620er Jahre zu feiern als eine Frau erschien, die „Die Dame in Blau" genannt wurde. Diese Erscheinung war ihren Stammführern, die im westlichen Kansas lebten, erschienen. Die Dame in Blau lehrte sie viele spirituelle Dinge, u.a. auch, daß ihr Stamm von dem Großen Schöpfer erwählt worden war, um von Seinem Sohn, Jesus Christus, gesegnet oder aufgeklärt zu werden. Sie würden ihre Segen durch Gläubige aus Spanien, die „Christen" genannt wurden und die bald zu den südlichsten Lagern am Concho-Fluß (jetzt in Westtexas) kommen würden, erhalten. Die christlichen Missionare könnten durch ihre Kreuze identifiziert werden; und ihre spirituellen Anführer würden „christliche Ordensbrüder" genannt werden.

Tatsächlich waren die Ordensbrüder höchstverwundert und von Ehrfurcht ergriffen als eine große Gruppe von Jumano-Indianern innerhalb ihres Missionsgeländes erschien. Die Jumano-Anführer hielten als ein Zeichen der Freundschaft und des

Friedens hölzerne Kreuze hoch. Sie erzählten den Ordensbrüdern von den Erscheinungen der Dame in Blau, und daß sie in Frieden und zur Aufklärung gekommen seien. Die Brüder hießen sie willkommen und bereiteten einen Platz vor, wo sie campen und Unterricht im christlichen Glauben erhalten konnten, welches zur Taufe und dazu führte, daß sie ihr Leben Jesus Christus widmeten. Während der Sakramentszeremonien wurden viele der Indianer, die gelähmt waren, geheilt. Die Brüder erklärten ihnen, daß Jesus Christus jedes Sakrament wie die Taufe und das Heilige Abendmahl eingeführt und Seinen Aposteln gegeben hatte, um den Gläubigen zu versprechen, „daß ich immer bei Dir bleiben werde"; und auch, um für ein persönliches Verhältnis zu Jesus zu sorgen, das nie ein Ende haben würde. Jesus versprach, daß wegen der Sakramente sogar die Tore zur Hölle nie Erfolg haben werden, und auch besondere Segen des Heiligen Geistes zu Ehren des Himmlischen Vaters vermitteln werden. Als die Indianer zu ihren Heimatslagern zurückkehrten, befestigten sie Kreuze über den Türen ihrer Hütten. Als die Jahre vergingen, vereinigten sich die Jumano-Menschen mit den Tawehash- und Wichita-Stämmen.

Bevor die Jumanos zu Ihren Heimatslagern in Kansas zurückkehrten, erhielt der Hauptbruder ein Paket aus Spanien, welches die Zeichnung einer Nonne, Schwester Maria de Jesus Agreda, enthielt, die mit einem blauen Habit bekleidet war. Sie war in 1602 geboren und starb in 1665. Sie war eine sehr bekannte Mystikerin und wurde für besonders heilig gehalten, auch wegen der Tatsache, daß sie die Gabe der Bilokation hatte. Die Jumanos waren überrascht, wie sehr sie ihrer Dame in Blau ähnlich war. Die Brüder waren sehr darauf bedacht zu erklären, daß diese Dame nicht angebetet werden sollte, da nur Jesus ihr Herr sein sollte. Die Brüder erklärten, daß die Dame eine sehr ergebene Arbeiterin für den Herrn war und spirituelle Aufgaben durch die Kraft des Heiligen Geistes vom Herrn erhielt. Alle, die an Christus glauben, werden aufgefordert, danach zu streben während dieses Vorgangs Christus-ähnlich zu werden und auch Heilige zu sein, so wie die gute Nonne in Spanien. Die Jumano-Indianer erhielten dann ihren Marschbefehl von den Ordensbrüdern und wurden gedrängt, ihre Aufklärungen anderen Familien- und Stammesmitgliedern sowohl auch anderen mitzuteilen.

In den folgenden Jahren kehrten die Ordensbrüder nach Mexiko und Spanien zurück. Hundert Jahre später, ca. im Jahre 1750, würden andere spanische Ordensbrüder, die Franziskaner, über Neuspanien (Mexiko) in die weitere Gegend von Westtexas, ungefähr 100 Meilen (160 km) südlich des Concho-Flußes an den San-Saba-Fluß zurückkehren. Das war ein Gebiet das innerhalb des Hoheitsgebiets von etwa fünf Stämmen der Comanche-Menschen lag. Das Gebiet in der Nähe vom heutigen San Angelo, wo die Jumano-Indianer zuerst die Sakramente von Christus erhalten hatten, war Apachen-Indianer-Gebiet geworden. Neben den Apaches im Nordosten und südlich bis in das texanische Hügelland hinein lag Comancheria, das Land der Comanche-Indianer. Die Apaches und andere Indianer lernten bald, nicht das Comanche-Land ohne Sondererlaubnis zu betreten.

(Wir danken Tom Ashmore aus San Angelo dafür, daß er uns die inspirierende Epiphanie-Geschichte der Jumano-Indianer und der Dame in Blau mitgeteilt hat. Man kann noch viel mehr Informationen mit Einzelheiten und auch mehrere Bücher finden, wenn man im Internet nachsucht.)

42 Gott hat die Mormonen zur Rettung geschickt - gerade zur rechten Zeit!

In 1844 schickte Sam Houston, der Präsident der Texanischen Republik die Nachricht an die Mächte in Deutschland, daß Texas unbedingt Menschen brauchte, um Mittelwesttexas zu bevölkern und zu entwickeln. Er wollte nicht, daß sich der Kampf um die Alamo-Festung mit den viel zahlreicheren Mexikanern im Süden wiederholte. Auch wollte er nicht die Vernichtung der Indianer des Gebietes. Um 1840 herum gab es in Deutschland eine Revolution und viele der dortigen Menschen waren entschlossen, Feudalismus mit einer repräsentativen Regierung und Abgeordnetenwahlen zu ersetzen. Die deutschen Adeligen wollten dies aber nicht. Präsident Houston sagte den deutschen Herrschern, wenn sie ihre Reformpolitiker oder Zwietrachtsäer loswerden wollten, diese auf Briggs zu tun und sie nach Texas zu schicken! Er versprach ihnen Länder in Mittelwesttexas, was jetzt als das Hügelland bekannt ist. Die Adeligen ergriffen diese Gelegenheit und fingen an etwas zu unternehmen. Sie organisierten eine Import-Export- Investitionsfirma, die nur den Adligen zugängig war, und nannten sie den Adelsverein. Sie mieteten 59 Briggs und fingen an, Deutsche, die aus irgendwelchen Gründen das Land verlassen wollten, an die Küsten von Texas zu schicken. Jede Brigg enthielt ca. 100 Passagiere und wenn der Wind richtig wehte, brauchten sie ungefähr drei Monate für die Reise von Bremerhaven und Antwerpen nach Galveston und dem besonderen texanisch-deutschen Hafen von Indianola in der Bucht von Matagorda. Die entleerten Briggs wurden dann mit Baumwolle, Getreide und anderen Rohstoffen beladen, die in Deutschland wegen Mangel an Sonnenschein nicht produziert werden konnten.

Neu Braunfels war die erste deutsche Gemeinde, welche am Osterwochenende 1845 gegründet wurde, als Texas noch eine Republik war. Friedrichsburg, jetzt Fredericksburg geschrieben, wurde am 8. Mai 1846 gegründet wenn Texas schon ein Staat der Vereinigten Staaten von Amerika war. Dann machten ungefähr 12,000 Einwanderer die dreimonatige Reise nach Texas wobei bis zu 2,000 umkamen - auf See oder beim langen Trek, zumeist zu Fuß, von der Küste nach Neu Braunfels oder Friedrichsburg, welches 70 Meilen (112 km) weiter nördlich liegt. Die meisten der Siedler, die Friedrichsburg erreichten, waren sehr krank und schwach. Neue Einwanderer trafen regelmäßig aus Deutschland ein. Über ein Jahr lang fuhren die Leichenwagen die Straßen von Friedrichsburg rauf und runter und holten die Leichen zur sofortigen Beerdigung in Massengräbern im Stadtfriedhof ab. Ein großes, friedvolles, offenes und grasbedecktes Feld ohne Grabsteine ehrt sie heute auf dem Friedhof.

Ungefähr sechs oder acht Monate nach der Gründung Friedrichsburgs erhielten etwa 200 Mormonen unter der Führung ihres Bischofs, Lyman Wright, die in Navoo in Illinois und in Austin in Texas verfolgt worden waren, die Erlaubnis der Stadtväter Fredericksburgs, sich ungefähr zwei Meilen östlich von Fredericksburg entlang dem Pedernales-Fluß niederzulassen. Die Mormonen waren von Gott gesandt und halfen mit der Pflege der kranken Deutschen und halfen auch, Häuser und Stadtgebäude zu bauen. Die Mormonen bauten eine Getreidemühle ám Pedernales-Fluß, was auch ein Segen für alle die in der Nähe lebten wurde. Das schloss auch die beiden Delaware-Indianerstämme ein, der eine war zehn Meilen (16 km) westlich von Friedrichsburg und der andere etwa 30 Meilen (48 km) südlich in Comfort gelegen. Die Comanche-Stämme befanden sich ungefähr 50 Meilen (80 km) nördlich entlang dem San-Saba-Fluß. Innnerhalb weniger als eines Jahres nach der Ankunft der Mormonen wurde ihr Anführer, Lyman Wright, zum ersten Gillespie-Kreisrichter in Friedrichsburg gewählt.

Gerade als alle sich wieder voll erholten und wieder auf die Beine kamen und anfingen, Steuern zu zahlen, begannen die beunruhigenden Wörter „Abspaltung" und „Krieg" um die Sklaverei beizubehalten über Texas zu rumpeln. Bevor die Mormonen die Gelegenheit hatten, sich darauf vorzubereiten, die Gegend zu verlassen da sie Sklavereigegner und Mitglieder der „Free Soilers"-Partei [Sklavereigegner-Partei] waren, kam eine gigantische Flut. Diese sandte den Pedernales-Fluß in eine wilde Randale und zerstörte die Mühle der Mormonen und riss den Mühlstein mit. Anstatt wieder aufzubauen, wußten die Mormonen ganz genau, was die Folgen sein würden. Friedrichsburg und der Kreis Gillespie, die ganz und gar für die Union und gegen Sklaverei waren, würden ganz schlecht von den Verbündeten [Confederates] behandelt werden. Daher entschlossen die Mormonen sich, sich zu verteilen und wegzuziehen: nach Kreis Burnet (Verbündete); Kreis Bandera (Unionisten); Salt Lake City in Utah (Free Soiler-Unionisten) weit entfernt von jeglichem Krieg; und nach Independence in Missouri (Unionisten, wo die neuorganisierte Kirche Jesu Christi der letzten Tage - Jesus Christ of Latter Day Saints - sich versammelten im Widerstand gegen jene, welche Brigham Young nach Utah gefolgt waren).

Lyman Wright hatte aber einen Traum, der ihm sagte wo der Mühlstein vom Pedernales- Fluß sich befand. Er und seine Gesellen kehrten nach Friedrichsburg zurück um nach dem Mühlstein zu suchen. Sie fanden ihn genau an der Stelle, wo er ihn in seinem Traum gesehen hatte. Sie nahmen ihn nach Bandera in Texas, wo sie sich wieder niederließen. Heutzutage hat die Stadt in ihrem Gedächtnisgarten auf dem Marktplatz in Fredericksburg-Stadtmitte einen Mühlstein zu Ehren der Mormonen errichtet, in Gedenken aller ihrer Hilfe mit der Krankenpflege und dafür, daß sie halfen die ersten Gebäude der Stadt und des Landkreises zu errichten.

(Ist es nicht erstaunlich, wie Gott das Böse und Tragödien benutzt, um viel Gutes zu erreichen und Segen zu geben! Wir müssen niemals aufgeben, wenn Schlechtes kommt. Gottes Hilfe ist immer unterwegs - auf Seine Art!)

43 „Jesus, bitte nimm mich heute nicht; laß mich die Sachen machen, die ich v o r h a t t e zu tun!"

Andrew hat diese Email über seinen Vater geschickt, der ein guter Mann war, aber seit seinen Teeenage-Jahren immer zuviel rauchte und trank. Das Familiengeschäft war sehr erfolgreich. Als aber sein Vater 42 Jahre alt wurde, fing er an, Blut zu spucken und wurde in großer Eile ins Krankenhaus gebracht. Der Arzt sagte der Familie, daß er einen extraschweren Fall von Tuberkulose habe und er glaubte, daß er nicht mehr als noch einen Monat zu leben hätte.

Der Vater war von dem Urteil des Arztes erschüttert. Die Familie ermutigte den Vater, damit er nicht aufgeben sollte. Wir würden alle für ein Wunder beten. Wir riefen unseren Pastor bei der Pfingstgemeinde-Kirche (Pentecostal Church) an und baten ihn und die Gemeinde, den Himmel mit Gebeten zu überfluten. Der Vater rief uns alle zusammen und sagte, daß er Gott darum anflehte, ihn noch nicht wegzunehmen. „Da sind so viele gute Dinge die ich noch vorhatte zu tun, aber zu denen ich nie kam."

Er bat Gott ihn zu heilen und versprach, daß er das Rauchen und Trinken aufgeben würde wenn er von der Tuberkulose geheilt würde. Dann sagte er uns, ihm sein Scheckbuch zu seinem Krankenbett zu bringen. „Ich will meine Heilung damit beginnen, indem ich einige Dinge sofort tu. Ich hab sie lange genug aufgeschoben." Er schrieb einen Scheck für eine Familie von der er wußte daß es ihnen schwer fiel, sogar ihre regulären monatlichen Rechnungen zu bezahlen. Ein weiterer war für die örtlichen Notbedarfsstelle, andere für das Bezirks-Mahlzeiten-auf-Rädern-Programm, die Lebensmittel-Speisekammer für die Armen, und für den St.-Vincent-de-Paul-Wiederverkauf-Laden, und für das Hilfe-für-die-Bedürftigen-Programm seiner Kirche. Er wies sogar den Geschäftsführer seiner Firma an, das Gehalt jedes seiner Angestellten effektiv mit dem nächsten Zahltag zu erhöhen.

Der Arzt rief uns alle zusammen. Anstatt uns zu sagen daß unser Vater sterben würde, sagte er uns, daß das Bluten aufgehört habe und daß da eine Chance war, daß er leben würde. Das ist ganz genau das was geschah. Er lebte bis ins 94te Lebensjahr. Von dem Tag an, daß er aus dem Krankenhaus fortging, gab es keinen Tag wenn er nicht Gott lobte dafür daß er ihm eine Gelegenheit gab, einige von den guten Dingen die er vorgehabt hatte zu tun, wozu er aber nie gekommen war. Er bat sogar in unserer Kirche getauft zu werden; er war das einzige Familienmitglied, das nicht getauft war. Der Arzt stand weiterhin meinem Vater nahe und dachte, daß seine Erholung erstaunlich war und sehr selten vorkam. Wir lernten alle, daß wir gute Dinge, die wir tun sollten, nicht aufschieben sollen.

44 ...zur Ehre Jehovas, unseres Gottes!

Wir danken Howard Rogers aus Fredericksburg in Texas dafür, daß er uns seinem Freund aus Deutschland vorgestellt hat, dem im texanischen Hügelland ein neues Leben gegeben wurde, nachdem er die tiefsten Höllengruben in Deutschland während des Zweiten Weltkriegs erfahren hatte. Rudolf Graichen war in 1925 in Lucka in der Nähe von Leipzig in einer Familie, die zu der Zeugen-Jehovas-Kirche bekehrt worden war, geboren. Er erinnert sich gut an die Zeit als er zwölf Jahre alt war - zwei Jahre vor der Kristallnacht - wenn die Gestapo alle männlichen Mitglieder seiner Gemeinde in seiner Stadt verhaftete. Sein Vater wurde zu fünf Jahren Gefängnis verurteilt, wo seine Gesundheit so schnell hinunterging, daß man ihn zum Sterben nach Hause schickte. Man weiß überhaupt nicht, was sein Vater im Gefängniss erlitten hatte.

Während der Beerdigung erfuhr der kleine Rudolf, daß sein Vater sofort vom Gefängnis entlassen worden wäre, wenn er nur seinem Glauben abgeschworen hätte und seine Loyalität gegenüber dem Naziregime und Adolf Hitler unterschrieben hätte. Innerhalb weniger Jahre machte der junge Graichen eine allmähliche aber ständige

Indoktrination in der Schule durch. Seine Lehrer versuchten ihn zu überzeugen, daß sogar die Bibel Loyalität zu der Regierung lehrte: „Gib Cäsar was Cäsar gehört und Gott was Gott gehört." Aber Graichen erinnerte sich an das allererste Gebot der Zehn Gebote, nämlich: „Stelle nichts oder niemanden über deinen Herrn deinen Gott!" Für die Zeugen Jehovas bedeutet das auch, die Fahne nicht zu salutieren.

Eine Lehrerin nahm ihn zur Seite und erklärte, daß er bestraft werden würde, wenn er sich weiterhin weigerte, die Hitlerjugend-Uniform zu tragen – wenn auch nur für eine kurze Weile „zur Schau", so flehte sie. Sie bat ihn, keinen Scham auf die anderen Jungen und die Schule zu bringen! Aber Rudolf blieb bei seinem Stand. Die Lehrerin sagte den anderen Schülern seiner Klasse sie sollten ihn ausbuhen, oder wie man im Fredericksburger Dialekt sagt: „pfui schreien". Der Druck von seinen Gleichaltrigen wirkte aber auch nicht. Die Gestapo sah sich vor, nicht einen Helden aus Rudolf vor seinen Klassenkameraden zu machen und kam in sein Haus während der Nacht, verhaftete ihn und nahm ihn fort. Das war in 1938.

In 1943 wurde er ins Stollberger Gefängnis in der Nähe von Chemnitz geschickt, wo er in Einzelhaft kam. Seine Mutter wurde verhaftet und ins Konzentrationslager Ravensbrück gesandt. Sie starb dort nur wenige Tag vor der Befreiung durch die Alliierten. Alles sah für Rudolf sehr dunkel aus. Aber als die Nachricht von den sich nähernden Alliierten das Stollberger Gefängnis erreichte, öffneten sich plötzlich dessen Tore und er konnte es verlassen. Nach ein paar Monaten der Freiheit und als der Teil Deutschlands, wo Rudolf war, unter die Kontrolle der russischen Kommunisten kam, verhaftete die ostdeutsche Polizei ihn. Als der Untergang des Kommunismus in 1954 ganz allmählich anfing, wurde er im Alter von 29 Jahren endlich befreit. Mit der Hilfe von Freunden und seiner Kirche war es ihm möglich, in die Vereinigten Staaten und das texanische Hügelland zu kommen. Rudolf heiratete Patsy Beutnagel und zog eine Familie in Brady in Texas groß. Im Alter von 86

Jahren ist Rudolf Graichen heute weiterhin ein treues, firmes Mitglied der Zeugen Jehovas und wohnt in San Antonio in Texas in der Nähe von seinem Sohn, Ishmael Graichen. *Nur Gott sei die Ehre!*

45 Der Töpfer zerschmetterte den Lehm... und fing wieder von vorn an!

(Mehrere Personen haben uns von der „Donald-Braswell-Geschichte" berichtet. Mit Hilfe des Internets, haben wir die besten Teile dieser überwältigenden Geschichte ausgewählt (http://en.wikipedia.or/wiki/Donald_Braswell_II):

Donald Braswell erzählte die epiphanische Seite dieser Geschichte selbst während seines Solokonzerts im April 2011 in Fredericksburg, wo es nur noch Stehplätze gab. Er war in 1963 in Boerne im texanischen Hügelland geboren. Als Junge wurde seine Stimme bei der Universität von Texas in San Antonio und unter den hellen Broadway-Lichtern in New York City bemerkt. Nachdem er in 1986 seinen Highschool-Liebling, Julie Clayburne, geheiratet hatte, überredete sie ihn, daß er zur formellen Ausbildung als Operntenor bei der berühmten Juilliard-Schule in New York City probesingen sollte. Er wurde dort angenommen und schloss das Studium in 1990 ab. Seine Vorstellungen wuchsen immer weiter an und seine Frau bestand darauf, daß er eine Konzertagentur engagierte, die sich um seine immer-wachsenden Engagements kümmerte. Obwohl er von scheuer Natur war, gab er zu daß ihm die weltliche, säkulare

Aufmerksamkeit und das Erfolgssyndrom gefielen. Führende Rollen als Operntenor fingen an, von aller Welt zu ihm zu kommen. Er war auf dem Weg, ein schnell aufsteigender Super Star bei den europäischen Kritikern und Opernjournalen zu werden. Aber dann schlug plötzlich aus blauem Himmel eine Tragödie ein.

Während er in 1995 zwischen Vorstellungen auf seinem Fahrrad in der wunderschönen Landschaft in Wales umherfuhr, wurde er von einem Wagen angefahren und schwer verletzt. Er hatte Glück dabei und überlebte es, aber dann wurde ihm gesagt, daß die Schnittwunden an seinem Hals und seiner Kehle so schwer waren, daß er möglicherweise nie wieder singen könnte. Es dauerte sogar Monate von intensiven Therapien und eine lange Rehabilitationszeit bevor er überhaupt Geräusche machen konnte. Während seine treue Frau, seine Familie, Kirche und Freunde ihn ganz fest mit Gebeten und Ermutigungen unterstützten, begann die lange Rehabilitationszeit endlich Anzeichen einer möglichen Wiederherstellung zu zeigen.

Laut Berichten von Freunden fing während dieser Zeit sein Verhältnis zu Christus, das er als Junge immer schon gehabt hatte, an tiefer und persönlicher zu werden. Vorher war er im allgemeinen über persönliche Sachen betont zurückhaltend gewesen. Als er aber anfing, wieder Wörter und Sätze zu formulieren, zögerte er nicht, Gott seinen Dank für sein Überleben und seine stetige Genesung auszusprechen. Als das Jahr 2000 nahe rückte, erwies es sich, daß seine Stimmen-Methoden die er in früheren Jahren geübt hatte, eine gute Wirkung hatten. Bald war es seine Kirche, die ihn einlud dort zu singen als sich seine Stimmer immer weiter besserte. Alle waren erstaunt, denn er konnte nicht nur wieder singen, aber seine Stimme war sogar noch schöner und mehr volltönend. Sogar sein Aussehen hatte sich gebessert. Er wurde eingeladen, mit der Sinfonie von San Antonio zu singen. Er sang die führenden Rollen in *Camelot* und in *Kismet*, und wurde eingeladen, einer der *Drei Tenore* zu sein. Er fing auch an, besondere persönliche Erscheinungen zu machen.

In 2007 konnte er eine CD machen, die er *New Chapter* (Neues Kapitel) nannte, was bedeutete, daß seine Sängerkarriere tatsächlich eine neue und vielversprechende Richtung einschlug. Da er selbst nicht davon sprechen würde, berichtet einer seiner Freunde, daß er sein zurückerobertes Talent benutzt um anderen zu helfen. Eins der vielen Beispiele ist das Konzert, mit dem er den SAM-Geistlichen von San Antonio half, Gelder für die neue, vergrößerte Einrichtung für die Unterbringung und Dienste für die immer anwachsende Anzahl der Obdachlosen aufzubringen. In diesen Konzerten hat er begonnen, seine eigenen Originallieder zu singen, wie *Look at Me* (Sieh mich an), welches er während seiner Rehabilitation schrieb und welches er anderen in einer solchen Lage widmete, um sie zu ermutigen.

(Ja, Gott ist der Töpfer, wir sind der Lehm. Manchmal läßt Gott uns nur soweit gehen und dann wäre es am besten, wieder von vorn anzufangen! **(Brief des Paulus an die Römer 9:21).**

Einer von Dons Freunden hat auch vorgeschlagen... Vielleicht wollte Gott, daß er sich mehr an seiner Familie erfreuen sollte, daß er ein sogar noch besserer Vater für seine vier Töchter, Ehemann für seine Frau sein, im wunderschönen texanischen Hügelland leben sollte, und daß ihm dies, das oder jenes der Welt von Star und Bühne erspart bleibe.

...wir erwarten deine Epiphanie-Erfahrungen in Deinen eigenen Worten. Wir werden deine Geschichte so schreiben, daß du anonym bleibst. Schreib bitte MEINE EPIPHANIE auf die Betrifft-Zeile deiner e-mail, oder deines Briefes, und sende es an: <u>alterstolz@gmail.com</u> oder per Post an:
Kenn Knopp, The St. Frederick Association, 407 Cora St., Fredericksburg, Texas 78624, USA.

NACHTRAG

Diese Geschichten stellen dar, was im Hier und Jetzt allen möglichen Menschen geschieht. Wir sind das Resultat der Arbeit Gottes... wenn wir es Ihm erlauben. Wenn wir uns selbst überlassen sind, ohne Sakramente und ohne Kommunion mit Jesus, so wie es in **1 Korinther 3:1 -4...** beschrieben wird, verursacht es Klatschen, Argumentieren, Ausflüchte, oder Lügen, Streit und Behauptungen zwischen Egos, die spirituelle Unreife zeigen. Diese Geschichten bestätigen, daß Gott und seine Helfer in einer besonderen und väterlichen Weise eingreifen, um uns zu einer mehr Christus-ähnlichen Reife zu bringen. Sei dankbar, daß wir Gottes Gabe von Glaube, Hoffnung, Nächstenliebe oder Liebesmahlzeiten erhalten mögen... alles, um das Maß unserer

Unterwerfung zu den Zehn Geboten zu stärken, und dann die Seligkeiten zu werden. (Wir **tun** oder **folgen** den Geboten so gut wie wir es können auf dem Wege, die Seligkeiten zu werden. Dieses Leben-in-Christus wird „im Stand oder Gnade" genannt. Siehe **Matthias 5: 3-11** und **Lukas 6: 20-22.**) Erinnere dich daran, daß die spirituellen Gesetze oder Gebote existieren um uns unsere Mängel zu zeigen. Nur mit unserem standhaften Glauben an Christus und Seine Gnaden wird es uns möglich sein, unsere schlechten Angewohnheiten und Süchte zu überwältigen. Aber diese Erlösung ist Sein Versprechen und Geschenk für uns, wenn wir weiterhin getreu bleiben und nicht aufgeben.

Diese Epiphanie-Zeugenaussagen sind die überraschenden Erfahrungen, die viele auf ihrer einzigartigen Reise in die Ewige Weisheit hatten.

Von Anfang bis Ende erzählt die Bibel auch alle möglichen Arten von Beispielen davon, daß Gott uns nicht als Waisen, die allein oder für uns selbst sorgen müssen, geschaffen hat. Unsere Leben sollen von Freude zu Freude schreiten während wir über Berge und Täler wegen unserer Selbstsucht (unsere Dämonen), und jenen von anderen um uns herum und in der Welt, und wegen Sünden und Tragödien kämpfen. Die Epiphanie-Geschichten des Alten und des Neuen Testament werden uns auch helfen, endlich überzeugt zu werden, daß wenn wir Gottes Willen tun und Seinem führenden Star, Seinem Sohn, folgen, unsere Reise vom Lichte Christi beleuchtet wird. Jeder Schritt auf unserer Reise in die Weisheit wird zeigen, daß Christi Wahrheit viel wirklicher in unserem Leben sein wird. Was kostbar in Gottes Augen ist, ist daß wir dankbar dafür sind wie Jesus auf diese Erde kam, damit wir seinen Vater und die liebende Sorge des Heiligen Geistes kennenlernen. Dieser Ewige Hauskreis ist der Preis am Ende der irdischen Reise. Und bedenke, daß wir daran teilnehmen können!

Nachdem er diese Epiphanie-Geschichten gelesen hatte, sagte ein guter Freund von mir, ganz ähnlich wie St. Thomas, „ das scheinen erfundene Geschichten zu sein!" Naja, das ist eine Meinung und ein Anfang! Thomas war ein Heiliger obwohl er Dinge selbst sehen mußte. Obwohl er ein Skeptiker war lernte er, den Zehn Geboten zu folgen und wurde die Seligkeiten; in anderen Worten, er wurde Christus-ähnlich zu dem Grad daß er Gnade erhielt. Trotzdem half Thomas, das Königreich Gottes zu verbreiten und Hoffnung zu denen zu bringen, die den Gewohnheiten der Welt verfallen sind. Mit Gottes Gnade, im Namen Christi sind wir verpflichtet es auch zu tun!

Genieße deine Liebe für Gott,
du, den Gott berührt hat!
...Psalm 31:23...

Aus den Sprüchen von Salomo ben-David, Herrscher von Israel, 1:7...
Wenn du in Ehrfurcht vor JHWH stehst – das ist wenn du wirklich verstehst.
Aber Weisheit und Unterricht zu spornen ist die äußerste Dummheit...

DAS GLÜCKLICHE-REISEGEBET

Auf deiner Reise möge Gott dir einen Sonnenstrahl schicken um dich zu wärmen, einen Mondstrahl um dich zu ermutigen, einen Schutzengel um dich zu schützen, Lachen um dich aufzuheitern, und treue Freunde die dir helfen und beistehen. Und wenn du betest, möge die Antwort des guten Herrn schon unterwegs zu dir sein. – adaptiert von einem traditionellen irischen Segen.

Übrigens, „*sollte jemand dich nach dem Grund für diese Deine <u>Hoffnung</u> fragen, sei immer bereit zu antworten.*“ ... **1 Peter 3:15**

ÜBER DEN AUTOR
UND DEN ST. FREDERICK-VERBAND

Liebe Freunde, *Wir danken euch, daß ihr diesen Band von* **Reise in die Ewige Weisheit, aus den Epiphanischen Archiven** (2te **Ausgabe**) von Diakon Kenn Knopp *gelesen habt.* Wir danken auch denjenigen, die uns ihre eigenen persönlichen Epiphanie-Geschichten, die ihre Leben beeinflußt haben, gesandt haben. So wie die Archive anwachsen, werden wir zusätzliche Aussagen auswählen, um sie in künftigen gedruckten Ausgaben einzuschließen. Wir werden nicht mehr zu den Geschichten auf unseren Internet-Seiten hinzufügen. Sie werden in gedruckten Büchern erscheinen, sodaß wir Mittel für unsere übergreifenden-Verbindungs-Projekte, die unten aufgezeichnet sind, aufbringen können.

Wir hoffen, daß diese Berichte diese Menschen ermutigen werden ihre Erfahrungen mit uns zu teilen. Der Autor, 76 Jahre jung, ist seit einiger Zeit gesundheitlich nicht wohlauf und mußte von dem geistlichen Amt als Diakon, das er in 1970 anfing, in den Ruhestand treten. Er kann von Zeit zu Zeit an seinem Computer arbeiten, um diese Berichte zusammenzustellen. Dafür ist er äußerst dankbar. Zur gleichen Zeit hat er eine Organisation geschaffen, die dieses Apostolat nach Matthias 28:19 in der Zukunft weiterführen kann wenn er nicht mehr hier ist.

Alle Erlöse gehen wie angewiesen an:

1) St. Frederick Association, General Fund:
   http://www.SaintFrederickAssociation.com

2) The Catholic High School Endowment Fund [Stiftungsfonds des Katholischen Gymnasiums] der Kreise Gillespie und Kerr in Texas. Dieser Fonds is augenblicklich aktiv und trägt zu Stipendiums an Our Lady of the Hills Catholic High School (Unsere Dame der Hügel Katholische Oberschule) in Kerrville in Texas bei.

Jedoch Mittel bestimmt für die Entwicklung der Bischof Frederick High School Prep, ein 9.-12. Klasse und Frühkolleg-Programm in Fredericksburg, Texas, werden in der Treuhands-Vereinbarung gehalten bis die Schule tatsächlich gebaut wird.

3) St. Frederick Village & Chapel [St. Frederick Dorf & Kapelle], Ruhestand-Zentrum-für-Senioren-Fonds in Fredericksburg, Texas.

Während das endgültige Grundstück noch gewählt werden muß, würde ein mögliches Grundstück es ermöglichen, das neue Gymnasium-Frühkolleg und

Ruhestand-Zentrum auf demselben Grundstück zu festzulegen. Wir hoffen, daß die Gymnasiasten ihre Mahlzeiten zusammen mit den Senioren und Mitarbeitern in einem gemeinsamen Eßsaal einnehmen können. Auch Dinge wie Wi-Fi Computer und andere Interessengebiete zur Mentor-Betreuung mögen geteilt werden, um einander zu helfen und aktiv zu bleiben und weiterhin zu lernen.

Dies ist eine besonders gute Zeit, deine Spende zu Ehren von jemandem oder einer Organisation zu bestimmen. Bitte erinnere The St. Frederick Association in deinem Testament.

Für weitere Auskunft, siehe: http://www.SaintFrederickAssociation.com

WER WAR SANKT FREDERICK?

Ein Bischof und Märtyrer, Frederick diente in Westeuropa, Deutschland, den Niederlanden und Skandinavien während der schwersten Jahre der Bekehrung der Heiden zum Christentum. Er war der Dreieinigkeit, Gott dem Vater, dem Sohn und dem Heiligen Geist, ergeben. Sein Predigen konzentrierte sich auf die persönliche Verpflichtung, daß man sein Herz dem Herrn Jesus Christus eröffnet. Dann, wenn man sich die Heilige Schrift zu Herz nimmt, die Heilige Schrift, die Zehn Gebote, die Seligkeiten und die Bergpredigt des Herrn – wächst man in Gnade und Wahrheit wenn man sich an den Sakramenten von Jesus erfreut und sie erhält.

Zwei Angreifer erstochen Bischof Frederick nach einer besonders scharfen Predigt darüber, daß ein Mann an einer Ehefrau festhalten muß. Es war das Jahr 838 A.D. Sein Fest wird am 18. Juli gefeiert. Das Bischofsamt, die Kirchenväter, lobten Fredericks Lehren und weitreichendes geistliches Wirken sehr und sprachen ihn bald heilig. Eine große Statue ehrt ihn im Dom zu Münster in Westfalen in Deutschland. Er ist eine große Hilfe und Patron während dieser Zeiten des wachsenden weltlichen Humanismus und seiner seltsamen Götter, welche die Menschen von der Freiheit in Jesus Christus und Gottes beschützenden Gnaden fernhalten. Gottes Gnadenschild schützt die Gläubigen vor den unterjochenden Idolen des Modernismus.

Bete, daß Gott uns alle segnet damit wir ein Segen sind -- desto mehr!